荣 获

新闻出版总署优秀畅销书奖
全国优秀古籍图书普及读物奖
第十七届山西省优秀图书一等奖
第二届山西出版政府奖
山西出版集团2008年度十种好书

全套藏书累计销售500万册

诸子百家卷

《诗经》《尚书》《礼记》《楚辞》《论语·大学·中庸》《孟子》《老子》《庄子》《荀子》《韩非子》《孙子兵法·尉缭子·鬼谷子》《墨子》《周易》《山海经》《吕氏春秋》《三十六计》

名家选集卷

《三曹诗集》《陶渊明集》《王勃集》《王维集》《孟浩然集》
《高适集》《岑参集》《李白集》《杜甫集》《白居易集》
《刘禹锡集》《元稹集》《李商隐集》《李贺集》《杜牧集》
《韩愈集》《柳宗元集》《李煜集》《欧阳修集》《王安石集》
《苏轼集》《黄庭坚集》《柳永集》《秦观集》《周邦彦集》
《李清照集》《辛弃疾集》《陆游集》《范成大集》《杨万里集》
《姜夔集》《文天祥集》《元好问集》《唐寅集》《张岱集》
《三袁集》《李贽集》《傅山集》《纳兰性德集》《袁枚集》
《郑板桥集》《龚自珍集》

史著选集卷

《左传》《国语》《战国策》《史记》《汉书》《后汉书》《三国志》《资治通鉴》

综合选集卷

《唐诗三百首》《宋词三百首》《元曲三百首》《千家诗》《古文观止》《汉魏六朝小赋骈文选》《唐宋八大家文选》《明清小品文选》

笔记杂著卷

《蒙学六种——三字经·百家姓·千字文·增广贤文·幼学琼林·格言联璧》《颜氏家训·朱子家训》《世说新语》《金刚经·坛经·心经·地藏经》《曾国藩家书》《菜根谭·小窗幽记·幽梦影》《浮生六记》《闲情偶寄》《近思录》《徐霞客游记》《古代书信精选》

戏曲小说卷

《元杂剧精选》《西厢记》《牡丹亭》《长生殿》《桃花扇》《今古奇观》《三国演义》《水浒传》《西游记》《红楼梦》《聊斋志异》《儒林外史》《封神演义》《话本小说选》《文言小说选》

中国家庭基本藏书 诸子百家卷

老子

卫广来 译注

山西出版集团
三晋出版社

博学工作室

高文典籍
傳家瑰寶
藏用同功
永垂華藻

張頷

· 著名考古学家、古文字学家张颔先生为《中国家庭基本藏书》题词

前言

（一）

老子是我国春秋末年的哲学家，先秦道家学派的创始人。《史记·老子列传》说："老子者，楚苦县厉乡曲仁里人也，姓李，名耳，字聃，周守藏室之史也。"苦县在今河南鹿邑县东，守藏室史是管理王室藏书的史官。

传述鲁国孔子赴周，问礼于老子，两位先哲进行了简练、睿智的谈话，各述其学。孔子后来创立影响深远的儒家学派。老子则见周室已衰，辞仕西行，入函谷关隐居，不知所终，时约周敬王年间。在他将隐去的最后时日，应函谷关令尹喜的请求，"乃著书上下篇，言道德之意五千馀言而去"，为后世留下了一份珍贵的文化遗产。今本《老子》共81章，前37章为上篇道经，第38章以下属下篇德经，所以又称《道德经》。全书的思想结构是：道是德的"体"，德是道的"用"。

关于道的系统。道是宇宙的本体，不依赖任何物而绝对独立，永远自行运动，"独立不改，周行而不殆"。道运行而产生天地，天地运行而产生万物。老子之道，乃"大道"，质言之，乃自然主义。

关于德的系统。因为道的性格是"常无为而无不为"，无为就是"道法自然"，所以作为道的功用的圣人之"德"，其原则也就是自然无为。老子反对以智术治国。国家既制定了法律，圣人无为而治，就是对法律的尊重；若仍以智术治国，便是有为，便是以一己之私见，加于公众之法律。老子之德，乃"上德"，质言之，乃无心之德。

《老子》一书中含有精彩的辩证法命题，如"反者道之动，弱者道之用"等，早已为学人所周知。其他关于社会、关于人生的种种思考，也都耐人品味。

（二）

《老子》一书自先秦流传至今，出现许多版本，元人张与材序杜道坚《道德经原旨》（《道藏》本）说："《道德》八十一章，注者三千馀家。"过去以西汉河上公注本和魏王弼注本为最早，也最流行。1973年12月，从长沙马王堆三号汉墓中出土帛书《老子》两种写本，分别称为甲、乙本，成为更古的本子。1993年10月，湖北荆门市郭店一号战国楚墓中又出土简书《老子》甲、乙、丙三组，为战国中晚以前佚籍。宋以来传世的版本有司马光《道德真经论》、苏辙《道德真经注》、王夫之《老子衍》、魏源《老子本义》、俞樾《老子平议》、严复《老子道德注评点》等。今人传世本有马叙伦《老子校诂》、高亨《老子注译》、张松如《老子校读》、朱谦之《老子校释》、卢育三《老子释义》、任继愈《老子新译》等。

本书以任继愈《老子新译》为底本（上海古籍出版社1985年5月第2版修订本），参照河上公《老子道德经》（《四部丛刊》本）、王弼《老子道德经》（《四部备要》本）、朱谦之《老子校释》（《新编诸子集成》第一辑，中华书局1984年11月第1版）、陈鼓应《老子注译及评介》（中华书局1984年5月第1版）、徐梵澄《老子臆解》（中华书局1988年3月第1版）等版本，撮汇往贤精解，断以己意，进行注译。

另外，书后附有"《老子》名言警句"（正文中用着重号标出）、"《老子》重要研究著作"，以方便读者使用。

译注者
2008年4月

老子哲学辨微（代序）

张岱年

诸子百家卷
老子·代序

自汉魏至明清，对于《老子》一书的注解不下数百种，近代以来，关于老子哲学的论著也以数十百计。然而，关于《老子》一书的年代，关于老子哲学的实质，到现在还是众说纷纭，没有一致的结论。有许多问题，还需要进行深入细致的考察。

这里不拟对老子的哲学体系作全面的阐述，仅谈四个问题：一、老子年代新考；二、老子思想的阶级性；三、老子哲学是唯物论还是唯心论；四、老子辩证法思想的特点。

一、老子年代新考

关于老子其人和《老子》其书的年代，自清代汪中写《老子考异》以来，辩论甚多，直到现在，学术界仍有不同的看法。大体有三说：（1）肯定孔、老同时的传说。有的同志认为老聃其人在春秋之末而《老子》其书则编定于战国中期。（2）认为老子其人和《老子》其书都属于战国中期，在孔、墨之后，庄子以前。有的同志断言《老子》其书的作者是太史儋。(3)也有少数人认为《老子》后于庄,成书于战国之末。

我在30年代之初写过一篇《关于老子年代的一假定》(原发表于《大公报·文学副刊》,后载入《古史辨》第四册),认为老子在孔、墨之后,孟、庄之前,《老子》作者不一定是太史儋。50年代以来,我进一步考虑这个问题,觉得孔、老同时的传说仍有不易否定之处。郭沫若说:"老子就是老聃,本是秦以前人的定论,《庄子》、《吕氏春秋》、《韩非子》都是绝好的证明。"又说:"老子与孔子同时,且为孔子的先生,在吕氏门下的那一批学者也是毫无疑问的。"①我认为这些论断确有比较充足的理由,值得重视。近年《孙膑兵法》出土,关于《孙子》一书的争论大致可以得到一个结论,即《孙子》十三篇是孙膑以前的著作。孙膑属于战国时期,则《孙子》十三篇应是春秋末至战国初的作品。《老子》与《孙子》文体相近,既然《孙子》一书可能是春秋末年的著作,则《老子》一书出现于春秋末年,也不是不可理解的了。《老子》和《孙子》,从春秋到战国,经过抄写和流传,有些后人附益的文句,也是在情理之中的。

过去怀疑孔、老同时的传说,一个重要理由是,在《论语》中没有关于老聃或《老子》思想的评论,没有称道老子的话。我过去也是这样看的。现在仔细考察,发现这种说法并不准确,而《论语》中确有关于老子学说的反映。(1)《论语·宪问》:"或曰'以德报怨何如?'子曰:'何以报德?以直报怨,以德报德。'""报怨以德"一语见《老子》六十三章,《论语》此条正是孔子曾评论老子思想的最明确的证据。(2)《论语·卫灵公》:"子曰:无为而治者,其舜也与!夫何为哉?恭己正南面而已矣。"孔子的政治思想并非无为,何以忽然提出"无为而治"来?如果认为这是对老子学说的反响,不是容易理解吗?(3)《论语·阳货》:"子曰:饱食终日,无所用心,难矣哉!不有博弈者乎?为之犹贤乎已!"这正是对于老子无为学说的批评。在孔子看来,无为也可以作为政治的一个原则,但个人却不宜无所作为而应有所作为。应该说,《论语》中包括了对于老子思想的批评。

《中庸》说:"子路问强。子曰:'南方之强与?北方之强与?抑而强与?宽柔以教,不报无道,南方之强也,君子居之。'……"(十章)这所谓"宽柔以教",不正是老子的学说吗?《中庸》又说:"子曰:素隐行怪,后世有述焉,吾弗为之矣。"(十一章)素作索。"索隐行怪"不正是老子的特点吗?司马迁说:"子思作《中庸》。"(《史记·孔子世家》)近人多不信

《史记》此说。事实上,司马迁之说必有依据,至少《中庸》的前半部的年代是比较早的,应肯定为早期儒家的著作。所以,过去以为《论语》和早期儒家著作中没有关于老子学说的反映是不正确的。孔子曾经评论过老子的学说。

《吕氏春秋·当染》说:"孔子学于老聃。"《礼记·曾子问》叙述孔子和老聃的对话。这些材料今人多不肯信。《吕氏春秋》是战国末的著作,其中记载虽有不实之处,如说子产杀邓析,但大部分的史料还是可信的。《曾子问》所述不像是实录,因为和《论语》比较相差太远了。但是,如果孔、老本不同时,何以编写《曾子问》的儒家者流也信取这个传说呢?如果孔、老本不同时,庄周固然可以编造一些孔、老对话的寓言,但儒家学者是不可能接受的。《曾子问》所述,必然反映一些历史事实。

如上所述,孔、老同时的传说应当不是虚构。可能有人要问:何以《墨子》、《孟子》书中,没有关于老子的评论呢?其实这也不难理解。《墨子》书中提到的人物不多,它没有提到邓析、子思。我们不因《墨子》未提邓析、子思而怀疑邓析、子思的存在,何以要因没提老聃而怀疑老聃的存在呢?至于孟子,他曾经猛烈攻击杨朱,他是以杨朱为道家者流的代表,也就不必更谈论老子了。

但是,《老子》书中,确有一些战国时代的言语,例如"不尚贤,使民不争"(三章)。虽然春秋时代已有举贤之风,但"尚贤"却是墨子的口号。《老子》此文可能出于后人附益。

《老子》说:"大道废,有仁义。"(十八章)又说:"绝仁弃义,民复孝慈。"(十九章)以仁义并举。在《论语》中,虽然仁字义字屡见,而没有仁义并举的例证。从前曾有人认为仁义并举始于孟子。其实,仁义并举并不始于孟子,较孟子年长的告子有"仁内义外"之说,已经仁义并举了。《国语·周语》:"史兴曰:且礼所以观忠信仁义也。"《孙子·用间》:"非圣智不能用间,非仁义不能使间,非微妙不能得间之实。"春秋时代,仁义并举的例证还是有的。《老子》中仁义并举的文句,不一定是晚出。

我现在认为,老聃其人生存于春秋末期,应是可信的。《老子》书中保存了老聃的遗说,但也有一些文句是战国时人附益的,不过《老子》书的编定当在惠施、庄周之前,这也是确定无疑的。

前几年出土的马王堆汉墓帛书《老子》,可谓今存最早的《老子》写本,其中许多字句足以校正通行本传写之误。但帛书《老子》本是为了墓葬之用,所以抄写草率,并未精校,故也不尽可据。帛书《老子》与傅奕的《古本老子》颇为相近,足证傅本近古。本文引证以傅本为主,参照帛书本和别本。

二、老子思想的阶级性

30年代,关于老子学说的阶级性曾经有过争论。有人认为老子思想是代表小农的,有人认为是代表没落贵族的。60年代之初,也还有人主张老子哲学反映了农民小私有者的要求和愿望。近几年来,似乎多数的研究者都认为《老子》是代表没落奴隶主贵族的,有人则认为它代表下层奴隶主贵族。老子学说是否代表没落奴隶主贵族的要求呢?我认为这个结论还不能轻下。

如果断定老子是没落奴隶主贵族的思想代表,那么,《老子》书中有一些情况是难以理解的。

(1)《老子》书中猛烈攻击当时统治阶级的道德,反对仁义,特别反对礼。《老子》说:"大道废,有仁义。"(十八章)又说:"绝仁弃义,民复孝慈。"(十九章)更说:"夫礼者,忠信之薄而乱之首。"(三十八章)如果老子代表奴隶主贵族,为什么他反对为奴隶主贵族服务的仁、义、礼呢?

(2)老子有一些批评剥削、压迫的言论,如说:"民不畏死,奈何以死惧之?若使民常畏死,而为奇者,吾得执而杀之,孰敢也?常有司杀者杀。而代司杀者杀,是代大匠斫。代大匠斫者,希有不自伤其手矣!"(七十四章)又说:"民之饥者,以其上食税之多也,是以饥。民之难治者,以其上之有为也,是以难治,民之轻死者,以其上求生之厚也,是以轻死。"(七十五章)又说:"天之道,其犹张弓者欤!高者抑之,下者举之;有馀者损之,不足者补之。天之道,损有馀而补不足;人之道则不然,损不足以奉有馀。"(七十七章)这些话,反对以暴力镇压人民,反对重税,主张损有馀以补不足,这些都是对奴隶主贵族提出的抗议。有的同志仅仅把这些看作老子对于新兴地主阶级的抨击和诅咒,那就未免过于牵强了。

(3)老子描述他的理想社会道:"小国寡民,使民有什伯之器而不用也;使民重死而不远徙;虽有舟舆,无所乘之;虽有甲兵,无所陈之;使民复结绳而用之。至治之极,民各甘其食,美其服,安其俗,乐其业。

邻国相望,鸡犬之声相闻,民至老死不相往来。"(八十章)显然,这是主张回到原始社会。有人认为这是要求回到周初,那是不易讲通的。周公制礼作乐,"周监于二代,郁郁乎文哉!"(《论语·八佾》)哪里会是"结绳而用之"的情况呢?"上古结绳而治,后世圣人易之以书契"(《周易·系辞》)。到西周时代,书契已经大大发展,距离"结绳而治"已经很远很远了。西周百里五十里的小国固然很多,但绝不是"邻国相望,鸡犬之声相闻,民至老死不相往来"的情况。老子"小国寡民"的理想是反动的、倒退的,然而不是倒退到周初。

老子反对仁义礼,要求恢复原始社会的淳朴道德"慈孝"、"忠信"等;老子反对暴力镇压和重税,主张"无为"之治。所谓无为,即统治者不干涉或尽量少干涉人民的生活。老子说:"太上下知有之,其次亲之誉之,其次畏之侮之,故信不足,焉有不信。悠兮,其贵言哉!功成事遂,百姓皆曰我自然。"(十七章)这"太上下知有之"的统治者就是无为而治的统治者了,人民不要受他的干扰。老子的这些观点可以说反映了春秋时代平民阶级的要求和愿望。平民阶级是从原始社会延续下来的最古老的阶级,他们缅怀原始社会没有阶级压迫的情况。平民的这种回到原始时代的愿望是违背历史发展趋势的。列宁评论托尔斯泰说:"托尔斯泰学说无疑是空想的,就其内容来说是反动的(这里'反动的'一词是就这个词的最正确最深刻的含义而用的)。但是决不该因此得出结论说,这个学说不是社会主义的,这个学说里没有可以为启发先进阶级提供宝贵材料的批判成分。"②老子的社会政治学说是反动的,然而其中也包含了一些对于剥削和压迫的批评,包含了一些批判的成分。

马克思论述一个阶级的理论代表与他所代表的阶级的关系时说:"……不应该认为,所有的民主派代表人物都是小店主或小店主的崇拜人。按照他们所受的教育和个人的地位来说,他们可能和小店主相隔天壤。使他们成为小资产阶级代表人物的是下面这样一种情况:他们的思想不能越出小资产者的生活所越不出的界限,因此他们在理论上得出的任务和作出的决定,也就是他们的物质利益和社会地位在实际生活上引导他们得出的任务和作出的决定。一般说来,一个阶级的政治代表和著作方面的代表人物同他们所代表的阶级的关系,都是这样。"③老子所不能超越的局限正是春秋时代平民阶级所不能超越的局限,老子在理论上所提出的要求正是当时平民阶级实际生活上所有的要求。所以,我认为,老子哲学正是春秋时期平民阶级的要求和愿望的反映。

司马迁说:"老子,隐君子也。"(《史记·老子韩非列传》)春秋末期,有一些隐者,《论语》曾经记载了荷蒉、接舆、荷莜丈人、长沮、桀溺等。这些隐者自称为"辟世之士"。他们可能是由没落贵族下降而为平民的。这些隐者大都过着自食其力的生活,对于当时社会有强烈的不满情绪。这些隐者与原来世世代代自食其力的平民,具有一些共同的感情。老聃本人可能出身于没落贵族,可能晚年过隐居的生活,接近于一般平民,因而他的思想在一定程度上反映了当时平民阶级的要求和愿望。

《老子》五十七章:"夫天下多忌讳,而民弥贫;民多利器,国家滋昏;民多智慧,而邪事滋生;法令滋章,盗贼多有。故圣人云(《帛书》本作是以圣人之言曰):我无为而民自化,我好静而民自正,我无事而民自富,我无欲而民自朴。"有人认为,这里四个"我"字都是统治者的口气,足以表明老子是站在奴隶主贵族的立场上说话的。这是没有注意上文还有"故圣人云"一句,四个"我"字是老子心目中的圣人自称,并非老子本人自称。这里无为无事的圣人就是"太上下知有之"的太上之君,是老子的理想的君主。

老子菲薄知识、鄙视文化、反对技术的进步,这些思想观点都是极其反动的,在中国文化史上曾起过消极有害的作用,然而这些思想观点并非当时反动没落的奴隶主贵族的要求之反映,而只是当时处于闭塞状态的自食其力的平民的要求之反映。没落的贵族还重视文采借以点缀自己,还爱好新奇技巧借以满足自己的奢欲。当时自食其力的平民则不要这些东西,平民有反剥削反压迫的进步要求,但平民缅怀原始社会的生活,幻想回到原始社会,所以也有不少反动落后的意识。老子的社会政治思想正是反映了这个情况。

三、老子哲学是唯物论还是唯心论

《老子》书中哪些是老聃的遗说,哪些是后人增加的文句,现在已难完全分辨清楚。根据《论语》、《中庸》的有关资料,可证"贵柔"、"无为"等都是老聃学说。《庄子·天下篇》述关尹、老聃的学说云:"建之以常、无、有,主之以太、一。以濡溺谦下为表,以空虚不毁万物为实。"常、无、有三字当分读,太、一两字也应分读。《老子》二十五章:"吾不知其名,故强字之曰道,强为之名曰大。"大读为太。又四十二章:"道生一,一生二,二生三,三生万物。"《天下篇》所谓太、一指道与一。以《庄子·天下篇》所述为据。可以说《老子》书中关于道,关于一,以及关于常,关于无、有的学说也都是老聃的学说。这也就是说,《老子》书中的主要思想都是老聃的遗说。

老子哲学是唯物论还是唯心论?50年代以来学术界争论不休。争论的关键是对于道的理解。老子哲学的最高范畴是道,道是天地万物的总根源。道的意义,决定老子哲学的性质。如果道是物质性的实体,则老子哲学就是唯物论;如果道不是物质性的实体,则老子哲学就是唯心论。

我个人对于老子所谓道的理解,五十年来,也有一个变化的过程。30年代写成的拙著《中国哲学大纲》(1936年写成,1942年在中国大学曾印为讲义,1958年商务印书馆出版)中,解释老子的道为最高的理即"究竟所以"。到50年代,我又认为老子的道是"原始的浑然不分的物质存在的总体即混然一气"。近年我又重新考察这个问题,觉得把老子的道解释为原始的物质存在的总体,证据是不充足的。老子所谓道还是指最高原理而言。

(1)道不是物质性的实体

老子所谓道是由天道观念转化而来的。在春秋时代,天道指天象变化的规律。最初,天道含有天象变化与人事凶吉的关系的意义,后来天道观念逐渐净化,专指天象变化的规律。老子的创造性的见解即把天与道的关系倒转过来,认为不是道从属于天,而是天从属于道。老子提出"自然"观点,宣称一切都是自然的,于是推倒上帝的创世主的地位,这是老子的划时代的理论贡献。老子发现,天是不能违背普遍规律的,于是把普遍规律抬高起来,抬高到天地之先。老子认为,这道才是最根本的,这道超然存在于天地万物之上,这道可以脱离天地万物而独立,于是这道也就不仅是天地万物的普遍规律,而成为一个超越物质世界的绝对。这道的观念是从天道观念转化而来的,只能是最高原理,而不可能指浑然不分的原始物质。韩非《解老篇》说:"道者万物之所然也,万理之所稽也。理者成物之文也;道者万物之所以成也。"韩非把道解释为万物的总和,这是正确的,我们没有证据把老子的道解释为原始物质。

《老子》二十五章："有物混成，先天地生，寂兮寥兮，独立而不改，周行而不殆，可以为天下母，吾不知其名，故强字之曰道，强为之名曰大（太）。"所谓"混成"，是无分别之貌，并非指原始的混沌。所谓"周行"是无所不在之义，不是指运动。老子此章肯定道是先于天地的。

《老子》四十二章："道生一，一生二，二生三，三生万物。万物负阴而抱阳，冲气以为和。"所谓一指天地未分的统一体即原始的物质存在总体，二指天地，三指阴、阳、冲气。这样，道不仅先于天地，而且先于天地未分的统一体。既然说"道生一"，则道与一不是一回事。"道生一"一句，充分证明老子的道不是原始的混然一气。

《老子》十四章："视之不见名曰夷，听之不闻名曰希，搏之不得名曰微，此三者不可致诘，故混而为一者。其上之不皦，其下之不昧，绳绳不可名，复归于无物。是谓无状之状，无物之象，是谓芴芒。迎之不见其首，随之不见其后，执古之道可以御今之有，能知古始，是谓道纪。"这章表明，老子所谓道完全是超越感觉的，完全不是感性认识的对象。所以不能把老子的道理解为物质性的实体。

有的同志认为，老子的道有物质实体和普遍规律两方面的意义，既是物质，又是物质运动的规律。事实上，这是不可能的。物质实体和物质运动的规律决然是两个概念，这两个概念是不可能结合为一个概念的。如果老子的道既是物质运动的规律又是物质实体，那么老子思想就陷于逻辑混乱了。如云"具有一定规律的物质实体"，那又是另一个概念。"具有一定规律的物质实体"与"属于物质实体的客观规律"仍然是两个概念。

（2）道也不是超时空的绝对精神

老子的道固然不是物质性的实体，但也不是所谓超时空的绝对精神。老子没有说过道在时空之外，反之，老子却说过道在时空之中。《老子》二十五章："故，道大，天大，地大，人亦大。域中有四大，而人居其一焉。"道是"域中"的四大之一。"域中"即空间之中，显然道不在空间之外。《老子》十六章："天乃道，道乃久。"道具有久的特点，即不在时间之外。道是永恒的，而仍在时间之中，这样，道在"域中"，道有永久性，所以道不在时空之外。总之，老子还没有"超时空"的观念。

《老子》三十七章："道常无为而无不为。"又五十一章："道生之，德畜之，物形之，势成之。是以万物莫不尊道而贵德。道之尊，德之贵，夫莫之命而常自然。故，道生之，德畜之，长之育之，亭之毒之，养之覆之。

生而不有,为而不恃,长而不宰,是谓玄德。"道是无为的,即没有意志。道生成万物,"生而不有",道是万物的根源,却不是万物的主宰。可以说,道是没有意识的。一般唯心论者所谓精神包含意识作用。精神的一个特点是自己认识自己。道没有意志,没有意识,所以道不是一般所谓精神。老子的道不同于西方客观唯心论者所谓绝对精神。近年来,许多人把老子的道解释为超时空的绝对精神,实际上是把老子学说近代化了。

总之,老子只是强调自然规律的根本性,把事物的普遍规律绝对化,看作超越一切事物之上的绝对。这个绝对可以称为绝对观念,但不能称为绝对精神。在西方客观唯心论哲学中,绝对观念即是绝对精神,二者是同一的。中国古代哲学的情况有所不同,这是应该分别清楚的。

(3)道是非物质性的绝对,道是有与无的统一

老子的道,不是物质性的实体,也不是超时空的绝对精神,而是非物质性的绝对。在这个意义上,老子哲学可谓一种唯心论(观念论),是客观唯心论的一种特殊形态。

《老子》二十五章:"人法地,地法天,天法道,道法自然。""道法自然"一句应如何理解呢?按《老子》书中自然一词是自己如此之意,并非指自然界。如十七章:"百姓皆谓'我自然'。"二十三章:"希言自然。"五十一章:"夫莫之命而常自然。"六十四章:"以辅万物自然而不敢为。"所以"道法自然"不当解作"道以自然为法",而应理解为"道法自己",即道以自己为法。《庄子·大宗师》说道是"自本自根"的,正是老子学说的发挥。

老子的道是有与无的统一。《老子》第一章:"故,常无,欲以观其妙;常有,欲以观其徼。此两者同出而异名,同谓之玄。玄之又玄,众妙之门。"有与无皆谓之玄,"玄之又玄"即道。有无同出于道。道一方面是无,一方面又是有。《老子》十四章:"视之不见名曰夷,听之不闻名曰希,搏之不得名曰微。此三者不可致诘,故混而为一者。其上之不皦,其下之不昧,绳绳不可名,复归于无物。是谓无状之状,无物之象,是谓芴芒。"这是讲道是无形无象的,道是"无物"。又二十一章:"道之为物,惟芒惟芴,芴兮芒兮,其中有象;芒兮芴兮,其中有物。"这是讲道虽然无形无象,却又不是空无,而又有象有物。这就是说,道是客观实在的(60年代曾经有人把"道之为物"解释成为"道之造物",这可谓不懂古代汉语而望文生义。"道之为物"的语法是常见的,《中庸》:"天地之道可一言而尽也,其为物不贰,则其生物不测。"(二十六章)"其为物"与"其生物"意义是有区别的。"其生物"是说它生成万物,"其为物"是说它作为一物。道一方面"其中有象","其中有物",另一方面又是"无物",是"无状之状,无物之象"。这是表示,道是无形无状的,却又是客观实在的,老子肯定了作为普遍规律的道的客观性、实在性。但虽然实在,却是非物质性的。

《老子》四十章:"天下万物生于有,有生于无。"参照四十二章:"道生一,一生二,二生三,三生万物。"(帛书《老子》这两章是连在一起的)可以说,一、二、三都是有,而道是无。十四章:"绳绳不可名,复归于无物。"无是道的一个方面。

《老子》三十二章:"道常无名。"又四十一章:"道隐无名。"道是无名的。第一章:"无名,天地之始;有名,万物之母。"无名指道而言。无名即没有任何规定性,有名即有具体的规定性。无名即绝对,有名即相对。老子强调道是无名,即肯定道是绝对。

老子哲学虽然最后归结为唯心论,但是老子对于"主宰之天"的批判,对于以后唯物论的发展却有其重要影响,起了促进的作用。汉代唯物论者王充就是继承、发挥了老子的"自然"观点的。宋代唯物论者张载反对老子"有生于无"的唯心论,但赞扬老子"天地不仁"的观点。张载说:"老子言'天地不仁,以万物为刍狗',此是也;'圣人不仁,以百姓为刍狗',此则异矣。圣人岂有不仁?所患者不仁也。天地则何意于仁?鼓万物而已。"(《横渠易说·系辞上》)也可以说,老子哲学有唯心论的一面,也有唯物论的一面。老子提出道的学说,为以后的唯心论树立了一个典型;老子推倒了关于主宰之天的信仰,对于以后的唯物论也有比较深远的影响。总之,老子哲学在哲学思想发展史上占有极其重要的地位。简短的五千言,有这样广泛的影响,在哲学史上是罕见的。

《老子》书中,多次出现"天道"一词。所谓天道指天象变化的规律。九章:"功成名遂身退,天之道。"四十七章:"不窥牖,可以知天道。"七十三章:"天之道,不争而善胜。"七十七章:"天之道其犹张弓与?高者抑之,下者举之;有余者损之,不足者补之。天之道,损有馀而补不足也。"七十九章:"天道无亲,常与善人。"八十一章:"天之道,利而不害。"虽然"天之道"是从属于天的,是天象的自然规律,但天道并无意志,"常与善人",却本来"无亲";虽然"利而不害",也只是自然如此,并非有意如此。"天之道"与"先天地生"的道,有层次的不同。

四、老子辩证法思想的特点

关于老子的辩证法思想,我在 30 年代之初,在拙作《先秦哲学中的辩证法》(原载《大公报·世界思潮副刊》)中曾有所论述;近十几年来一些中国哲学史书籍中论述尤多,但尚有未尽之义,仍需略加剖析。

老子提出了对立转化的观点。二章:"故,有无之相生,难易之相成,长短之相形,高下之相倾,音声之相和,前后之相随。"四十二章:"故物或损之而益,或益之而损。"五十八章:"祸兮福之所倚,福兮祸之所伏,孰知其极,其无正邪?正复为奇,善复为妖,人之迷也,其日固已久矣。"有无、难易、长短、高下、损益、祸福,都是相互转化的。一正一反,彼此互转。老子认为这个道理是一般人所不易理解的。

事物的存在与变化,有三种情况:一是由壮大转为灭亡,由胜利转向失败,由存在转为不存在;二是由弱小转为强大,由失败转为胜利;三是在一定时间内保持不变。老子特别注意这些情况。老子着重研究了三个问题:(1)在什么条件下事物要转向反面?(2)柔弱胜过刚强的意义。(3)具有什么条件,事物可不转化为反面?

老子认为,事物如果过分壮盛,如果甚为暴烈,就一定转化到反面,就一定灭亡。二十三章:"故飘风不崇朝,骤雨不崇日,孰为此者,天地也。天地尚不能久,而况于人乎?"三十六章:"将欲歙之,必固张之。将欲弱之,必固强之。将欲废之,必固兴之。将欲夺之,必固与之,是谓微明。"四十二章:"强梁者不得其死,吾将以为教父。"暴风骤雨,短时间就会过去。过度的强盛,即将衰亡。强暴的人是不会有好结果的。老子认为强盛越过了一定限度,是事物转入灭亡的条件。

老子提出了"柔弱胜刚强"的命题。三十六章:"柔之胜刚,弱之胜强。"七十六章:"人之生也柔弱,其死也坚强。万物草木之生也柔脆,其死也枯槁。故曰:坚强者死之徒,柔弱者生之徒。"七十八章:"天下莫柔弱于水,而攻坚强者莫之能先,其无以易之也。柔之胜刚也,弱之胜强也,天下莫不知,而莫之能行。"老子认为,柔弱是生命的一个特点。具有生命的,表现为柔弱;丧失生命的,表现为坚强。水是最柔弱的,却有胜过坚强的巨大力量。事实上,在自然界,在人类历史上,确有柔弱胜刚强的事例,但不是所有的柔弱的东西都能胜过比它刚强的东西。这需要作具体的考察和具体的分析。老子发现了柔弱胜刚强的情况,这也有历史意义;但老子把它看成一条普遍规律,就不合乎实际了。

老子着重研究了事物如何才能维持长久的问题,事物如果过度壮盛,就要转向相反;如果能保持着不过度壮盛,就可以不转向相反了。保持不过度壮盛,这种状态,老子称之为"不盈"。不盈,就可以相对长久了。十五章:"保此道者不欲盈。夫惟不盈,是以能敝复成。"盈即达到了限度,不盈即保持不达到那个限度,就可以维持不变了。二十九章:"是以,圣人去甚,去奢,去泰。"四十四章:"是故甚爱必大费,多藏必厚亡。知足不辱,知止不殆,可以长久。"不超过一定限度,知足知止,就可以长久。

于是老子提出了"大成若缺"的命题,他说:"大成若缺,其用不敝;大盈若盅,其用不穷。大直若屈,大巧若拙,大辩若讷。"(四十五章)又说:"明道若昧,进道若退,夷道若纇,上德若谷,大白若辱,广德若不足,建德若偷,质真若渝,大方无隅,大器晚成,大音希声,大象无形。"(四十一章)成而若缺,才是大成。巧而若拙,才是大巧。正面的状态,容纳了反面的成分,才是比较圆满的状态。正面的状态,预先容纳了反面的成分,即可不再转化为反面了。"大成若缺"云云,也就是成与缺的结合,即正反结合。老子认为,结合了"反"的"正",才是"正"的圆满状态。

老子提出了对立转化的观点,而他注重研究的却是如何才能保持不转化。但保持不转化也只能是暂时的。三十三章:"不失其所者久,死而不亡者寿。"生必有死,只能求得死而不朽而已。

老子辩证思想总结为两句话:"反者道之动,弱者道之用。"(四十章)这就是说,反是事物变化的普遍规律,而柔弱是运用道而保持相对长久的关键。反是不可避免的,而柔弱可以延缓反的到来。

荀子批评老子说:"老子有见于屈,无见于伸。"(《天论》)老子强调以柔胜刚,而没有看到刚强的作用。老子的辩证法有严重的缺陷,但是他对于中国古代辩证法学说的贡献还是主要的。

1979 年 7 月 11 日

① 郭沫若:《青铜时代》第22页、23页。
②《列宁全集》第17卷,1958年版,第35页。
③《马克思恩格斯选集》第1卷,1972年版,第632页。

张岱年(1909—2004),著名哲学家。1933年大学毕业后在清华大学哲学系任助教,27岁时写成名著《中国哲学大纲》。1937年抗战爆发后,在北平蛰居读书,保持民族气节,不与敌伪妥协。1951年任清华大学教授。1952年调任北京大学。1981年被教育部批准为首批攻读博士学位研究生导师。1979年中国哲学史学会成立,被推为会长,并经选举连任三届会长。作为当代中国哲学界的学术泰斗、一代宗师,早在20世纪三四十年代,他就以唯物论为基础,综合分析方法、道德理想,建立了自己的具有综合性的哲学体系。他倡导的"综合创新"文化观,在当代文化建设中发挥了重要作用。著有《张岱年文集》。

以上"代序"原载《中国哲学史论文集》,山东人民出版社1979年版。为保持原貌,所引《老子》与通行本有异者,未作改动。

目录

前言 / 001
老子哲学辨微(代序)(张岱年) / 001

一章 / 001
二章 / 002
三章 / 004
四章 / 005
五章 / 006
六章 / 007
七章 / 008
八章 / 009
九章 / 010
十章 / 011
十一章 / 013
十二章 / 014
十三章 / 015
十四章 / 016
十五章 / 018
十六章 / 020
十七章 / 021
十八章 / 022
十九章 / 023

目 录

二十章 / 024
二十一章 / 026
二十二章 / 027
二十三章 / 028
二十四章 / 029
二十五章 / 030
二十六章 / 032
二十七章 / 033
二十八章 / 035
二十九章 / 036
三十章 / 037
三十一章 / 038
三十二章 / 039
三十三章 / 040
三十四章 / 041
三十五章 / 042
三十六章 / 043
三十七章 / 044
三十八章 / 045
三十九章 / 047
四十章 / 049
四十一章 / 050
四十二章 / 052
四十三章 / 053
四十四章 / 054
四十五章 / 055
四十六章 / 056
四十七章 / 057

四十八章 / 058
四十九章 / 059
五十章 / 060
五十一章 / 061
五十二章 / 062
五十三章 / 063
五十四章 / 064
五十五章 / 066
五十六章 / 068
五十七章 / 069
五十八章 / 071
五十九章 / 073
六十章 / 074
六十一章 / 075
六十二章 / 076
六十三章 / 077
六十四章 / 078
六十五章 / 080
六十六章 / 081
六十七章 / 082
六十八章 / 083
六十九章 / 084
七十章 / 085
七十一章 / 086
七十二章 / 087
七十三章 / 088
七十四章 / 089
七十五章 / 090

目录

七十六章 / 091
七十七章 / 092
七十八章 / 093
七十九章 / 094
八十章 / 095

八十一章 / 096

附录
《老子》名言警句 / 098
《老子》重要研究著作 / 099

◎一章

【题解】

此章为全书总纲,包括本体论与认识论两部分。关于本体论,在先秦古圣人中,老子首先把"道"作为哲学范畴予以提出。殷人尊"上帝",周人"敬天",老子则在殷周的宇宙主宰之前放置一个"道",作为天地万物的来历,把先秦哲学领入一新境。"道"是那无形的"作用",不可表述,不可指称。然不得不藉"名"以说"道",此《老子》一书所为作。旨在说明万物生于有形的天地,有形的天地生于无形的道,所以说"无名,天地之始,有名,万物之母"。关于认识论,既然宇宙本体如此,人类认识路向也该与之合一,对于一切有形之物,都可以从"无"、"有",即一般与特殊两个角度去审视,观其无界之妙,察其有界之涯。

【原文】

道①,可道②,非常道③;名,可名,非常名。无名,天地之始④;有名,万物之母⑤。故,常无,欲以观其妙⑥,常有,欲以观其徼⑦。此两者同出而异名,同谓之玄⑧。玄之又玄,众妙之门。

【注释】

①道:这是老子提出的哲学最高范畴。
②可道:可以讲说。这里的"道"字作动词用。
③常:作"恒"解。
④无名,天地之始:道无形体,产生了天地,是天地的原始,老子称之为"无名"。
⑤有名,万物之母:天地有形体,产生了万物,是万物的母体,老子称之为"有名"。
⑥妙:事物演化道理的极致。
⑦徼(jiào):边界。这里指一事物区别于他事物的哲学界限。
⑧玄:深黑色,意思是深远、看不透。这是老子学说中的一个重大概念。

【译文】

"道"之可以说得出的(即可道之道),它就不是永恒存在的"道";"名"之可以叫得出的,它就不是永恒存在的"名"。"无名"是天地的来处;"有名"是衍生万物的母体。所以,要经常从无形体的角度去观察领悟"道"的奥妙,还要经常从有形体的角度去观察辨认每个具体事物的边涯。这两者(无形体和有形体)是同一个来源而有不同的名称,它们都可以说是含义深远。深远再深远,就是万物中一切玄妙之理所从出的门径。

◎二章

题解

本章内容分两部分。第一部分集中讲述方法论。老子认为形而上的"道"是绝对的、永恒的（二十五章说"独立不改"），但是形而下的世间一切事物却都是相对的、变动的。他举美与恶等八事为证，告诉人一切事物都有对立面，一切事物都在相反的关系中产生，相生相成，彼此互补。相反的关系是经常变动着的，因而一切事物及其价值判断，也不断地在变动中。这是简练的辩证法表述。第二部分讲圣人行事。其方法论引入人事领域，则有为与无为、有言之教与不言之教，也都是互相依存，互相转化。圣人是在自觉活动中比众人先走一步的哲人，他尊重顺依天地间万物欣然兴作的自然过程而不妄为，更不拔苗助长，任凭各自的生命开绽其丰富的内涵。圣人的创造，只是去成就大众所开绽的事业，功成不居功，只认为此功是大众事业本身如此。老子在这里极力阐扬"功成而弗居"的哲学精神。

原文

天下皆知美之为美，斯恶矣①；皆知善之为善，斯不善矣。故，有无相生②，难易相成③，长短相形，高下相倾④，音声相和⑤，前后相随。是以，圣人⑥，处无为之事⑦，行不言之教，万物作焉而不为始。生而不有，为而不恃，功成而弗居。夫唯弗居，是以不去。

①恶：指丑。
②有无相生：存在与不存在相互依存而产生。
③难易相成：有了难，才能懂得易，得到易。
④倾：偏侧。
⑤音声：人鸣曰声，物鸣曰音。
⑥圣人：完美的人。这是老子理想中"与道同体"的典范。
⑦无为：不以一己之智慧，加于自然法则。

天下的人都明白美是美的时候，这就有了丑的产生；都知道怎样才是善的时候，这就出来恶了。所以，有和无由互相对立而生成，难和易由互相对立而成立,长和短由互相对立而体现,高和下由互相对立而相向,音和声由互相对立而和谐,前和后由互相对立而形影相伴。因此,"圣人",去做"无为"之事,实行"不言"的教化,像天地一样任凭万物按照自然法则生长,而不替它开始,生养了万物而不据为己有,为万物尽了力而不恃其能,功成而不自居。正由于他不居功,所以他的功绩不会失去。

◎ 三章

题解

这一章是老子的政治论,讲述了"三不四其"的致治之理。名位本来会引起人的争逐;财货本来会引起人的贪图;诱人的事物本来就会扰乱人的清净心思,此三者都不该再加鼓励标榜,举措限定在制度范围为好,这就顺乎自然了。除却"三不"之外,完美的统治者可以做的,是那些不悖"无为"大政、与之精神符合的事项,这就是"四其",即虚实与弱强。要虚化人民之心,虚心则谦柔不争。要给人民以温饱,温饱则不盗。还要削弱其妄冀之志,增强其体质,使身心都健康。"常使民无知无欲",非谓使其蠢如鹿豕,乃谓无知于其所不当知,无欲于其所不当欲。要之守制度而无为,不要乱人心。

原文

不尚贤①,使民不争;不贵难得之货②,使民不为盗;不见可欲③,使民心不乱。是以圣人之治,虚其心④、实其腹、弱其志、强其骨,常使民无知无欲,使夫智者不敢为也⑤。为无为,则无不治。

注释

①不尚贤:战国时期,为了改变传统的世卿世禄制度,法家和墨家都提出了尚贤的主张。实行变法的国家,贵族无才能,可以降为平民,平民有才能,可以提拔做官。老子在先已反对"尚贤"。其意所传,《庄子·天地》:"至德之世,不尚贤,不使能。"
②贵:抬高。贵货过用,贪者竞趋,所以老子主张"不贵难得之货"。
③见(xiàn):表现,宣扬。
④虚其心:净化人民的心思,使之无贪欲。
⑤智者:人民中有知识的人。

译文

不特别崇奖有才干的人,免得人民之间互相竞争;不抬高稀有难得的商品,免得人民生贪心而为盗;不显耀足以引起欲望的事物,使人民清净的心思不被扰乱。因此"圣人"治理天下的方法是净化人民的心思、满足人民的温饱要求、淡化人民争逐名利的志气、增强人民的体质,永远使人民没有政治知识和欲望,使人民中的少数智者不敢兴风作浪。实行这种无为的政治,天下就没有治不好的。

◎ 四章

【题解】

这一章再讲宇宙本体。"冲"训"虚",与"盈"相对。"盈"则"满",满则有限。道不如是。"道"为虚体,却包含无尽的创造因数,作用永无满限,永不穷竭。它挫锐解纷,和光同尘,再无特殊性,隐没得无形无象,似亡而实存。它不但比具体的万物更根本,而且比创造万物的天帝更根本。在这里,老子突破了神造之说。在人事,其能和光同尘者,乃为以冲虚处世之有道者。

【原文】

道冲①,而用之或不盈②。渊兮③,似万物之宗。挫其锐,解其纷,和其光,同其尘④。湛兮⑤,似或存。吾不知谁之子,象帝之先。

【注释】

①冲:古字为盅(chōng),器皿空虚的意思。《说文解字·皿部》:"盅,器虚也。《老子》曰'道盅而用之'。"
②盈:穷尽的意思。四十五章"大盈若冲,其用不穷",与此意相近。
③兮(xī):语气助词,相当于现代汉语的"啊"或"呀"。
④挫其锐,解其纷,和其光,同其尘:这四句又见于五十六章。四个"其"字都是说"道"本身的属性。
⑤湛(zhàn):沉没水中为湛。形容"道"的隐而无形,而又确实存在。

【译文】

道(宇宙本体)是无形状、不可见的虚体,宇宙万物都在用它而用之不尽,它是宇宙万物永无穷尽的源泉。那样地渊深啊,它好像是冥冥中万物的宗主。它自敛锋芒,解脱了世间的纠纷,可以使自己融入世间的光辉,也可以使自己混同世间的浊尘。它隐没得那样无形无象啊,似亡而实存。我不知道它是从哪里产生出来的,似乎在天帝出现之前就有了它。

◎五章

【题解】

这一章有三义。第一是效法天地的政治论,指出天地对于万物,圣人对于百姓,都没有私爱。儒家倡仁义,老氏贵自然。天施地化,不以仁恩,春生不为仁,秋杀不为不仁,自然而已。此其分辨处。天地间万物都依其自身定律运行,这就突破了先前的主宰说,此种自由论企求消解外在的强制性干预,使人的个别性及差异性得到适当发展。第二仍论虚功,谓动而有功,以人事言,则劳动所以生产。第三是人生论,也是政治论,指出人不要多言,否则运数穷竭,不会有好结果,不如守藏。

【原文】

天地不仁①,以万物为刍狗②;圣人不仁③,以百姓为刍狗。天地之间,其犹橐籥乎④?虚而不屈⑤,动而愈出。多言数穷⑥,不如守中⑦。

【注释】

①天地不仁:儒家的核心思想是"仁"。仁者必造立施化,有恩有为,而受惠者反失其本真,反失其独立性。天地任自然,无为无造,万物自相治理,所以说不仁。
②刍(chú)狗:用草扎成的狗,古人用来祭神。祭祀时,人们用匣子把刍狗装着,给刍狗披上华丽的绣巾,庄重地把它供在神前,并不是爱它;祭祀毕,任人践踏,弃之不顾,还把它烧掉,也不是恨它。人们对它无所谓亲不亲、仁不仁,天地对万物亦然。见《庄子·天运》。
③圣人不仁:道家的圣人效法天地,王弼所谓"圣人与天地合其德",所以说圣人不仁。
④橐籥(tuó yuè):橐是牛皮袋,古人冶铁,用以鼓风炽火。籥是竹制吹管,连通牛皮袋以吹风。橐籥即古风箱。
⑤屈(jué):穷竭的意思。
⑥数穷:物有定数,数穷而终。
⑦守中:静守心中(不发言)。

【译文】

天地是无所谓仁爱之心的,任由万物自生自灭;圣人也是无所谓仁爱之心的,任由百姓自然生活。天地之间,不就像个风箱吗?当中虽是空的,而生生不穷,发动起来便不断地出风。言多有失,不如守中不发言,行不言之教,顺应万物之自然。

◎ 六章

【题解】

这一章也是老子的宇宙本体论,继续阐发第一章、第四章"道"在天地之先的意思。用简洁的文字描摹形而上的"道"为虚空的"谷神",不死的谷神,就是所谓的"玄牝",具有伟大母性的生命力。丘陵为牡,溪谷为牝,幽深无底的"玄牝",其门即天地之根。万物有尽,它的工作永无尽。

【原文】

谷神不死①,是谓玄牝②。玄牝之门,是谓天地根。绵绵若存③,用之不勤④。

【注释】

①谷神不死:谷,山谷之谷,这里取其虚义。谷神,借喻道体。司马光说:"中虚故曰谷,不测故曰神,天地有穷而道无穷,故曰不死。"
②玄牝(pìn):牝,雌性动物的生殖器。玄牝,象征深幽而看不见的生产万物的雌性生殖器。
③绵绵若存:形容道的连续性和无限性,以及道的不可见性。苏辙说:"绵绵,微而不绝也;若存,存而不可见也。"
④用之不勤:王弼说:"无物不成,用而不劳也,故曰用而不勤也。"

【译文】

"谷神"这个深不可测的道体是永恒存在的,这就是所谓的"玄牝"。"玄牝"的门,天地万物从这里产生,这就是所谓的天地的根。它化生万物永不停息地运动,无形地存在着,它永不停息地发生作用是自然的,不劳外力对它工作。

◎ 七章

题解

这一章运用朴素的辩证观点,来观察自然界的天地与社会中的圣人,阐明谦退反进的弯转之用,主旨在圣人无私。事物总是向它的对立面发展,这是辩证法的一个定理。老子指出,天地不自营己之生,故能长生,圣人以其无私,反能成其私。在己为私,弃私为公,自来成大事者,皆无私,早将自身置之度外。圣人无私,是说起初并非有欲成其私之心。然其私之成,自然之道耳。深原此意,方区别于谲术。

原文

天长地久。天地所以能长且久者,以其不自生①,故能长生。是以圣人,后其身而身先②,外其身而身存。非以其无私邪③?故能成其私。

注释

①以其不自生:指天地的生存不为自己。自生则与物争,不自生则物归。
②后其身而身先:这是说明不争之德的好处,争先逞强,结果适得其反。
③邪:同"耶"(yé),疑问词。

译文

天地长久地存在。天地所以能够长久,靠的是它不是为自己而生存,它给万物提供生存条件,而不自私以养自己,所以能够长生不老。因此圣人学习天地,遇到利益,把自身摆在后面,结果自身反而能占先;遇到危难,把自身置之度外,结果自身反得保全。这不正是由于他不自私吗?所以能成全他的私。

◎八章

题解

这一章是老子的人生论,用水德比喻上善之人。第一义,水性柔,灌溉滋润以养万物而不与万物争利,默默地甘处众人所恶的卑下之地,惟与众不同,才接近造化众物的"道"。第二义,水有"七善",皆自然之性。动善时,即司马迁述道学的特性:"与时迁徙,应物变化。"动任自然,则其意亦静。第三义,水任自然,所以无人为的差错。

原文

上善若水①。水善利万物而不争,处众人之所恶②,故几于道③。居善地④,心善渊⑤,与善仁,言善信⑥,正善治⑦,事善能,动善时。夫唯不争,故无尤⑧。

注释

①上善:不是一般的善。
②恶(wù):讨厌、不喜欢。人恶卑下,《论语·子张》子贡曰:"纣之不善,不如是之甚也。是以君子恶居下流,天下之恶皆归焉。"儒家力争上游,老子与之相反。
③几:接近。道无形,水有形,所以说接近。
④地:天高地下,至下谓之地。
⑤渊:沉静的深水,注焉而不满,酌焉而不竭。
⑥信:河水汛期即至,叫做信水。
⑦正:为政。
⑧尤:过失,差错。

译文

最高的善像水一样。水善于滋润万物,使之生长,而从不与万物竞高下、争短长,它总是安身在众人都不愿去的低洼之地,这种品格,才最接近于道。上善的人,其安身立命,像水那样善于随遇而安,善于处于低洼之地,心若止水,与人交往像水那样博大仁爱,说话像水的汛期那样真诚守信用,为政像水那样清静而治,做事像水那样善于发挥功能,行动像水那样善于把握天时。这一切都是自然的,正因为他像水那样与物无争,所以不会出现过失与差错。

◎九章

【题解】

　　这一章是老子的人生论，主旨是留有馀地。普通人遇富贵，趋之无度，得寸进尺。老子在这里说出了知进而不知退，知争而不知让的祸害，教人做事适可而止。盈、锐、满、骄，都不是自保之道，罢手收敛，自有馀地。功成身退，如春成其生功而让于夏，夏成其长功而让于秋，此乃天道。

【原文】

　　持而盈之①，不如其已。揣而锐之②，不可常保。金玉满堂，莫之能守。富贵而骄，自遗其咎③。功成身退，天之道④。

【注释】

①持而盈之：持，指不失德。盈，满的意思。
②揣：揣与捶，声转字通。
③自遗其咎（jiù）：遗，留下。咎，凶的意思，灾祸。
④天之道：天地损益之律，参看七十七章。

【译文】

　　持德之人要求圆满，不如罢手不干。捶打尖利的锋芒，难得保其长久。金玉堆满了屋，谁能万世守住。富贵之后骄慢，是自招灾祸。事业成功之后，就该退出历史舞台，这是天要求的法则。

◎十章

这一章是老子的人生论与政治论,着重讲人在修身养性和为学治国诸事上如何由"下德"跻于"上德"。老子所讲的人生,多是侯王的人生,所以多不离政治。这里提出有道的侯王应具六种品格,前半句设问,后半句问辞,实是答语。就中"载营魄抱一,能无离乎?"是说健全的生活必须是精神和形体合一而不偏离,通过"抱一",可使肉体生活与精神生活臻于和谐之境,享受到完美。"涤除玄览,能无疵乎?"是说修炼观察力必须拂去心中杂念,静定保持角度。玄览喻心灵深处明澈如镜,可以观照万物,即《庄子·天道篇》:"圣人之心,静乎天地之鉴,万物之镜也。"第四句"爱民治国,能无知乎?"乃老子政治论之精髓。老子在三十八章提出"上德"与"下德",他以"无为"与"有为"来区别"上德"与"下德"。十章中"无离"等语,都是对"无为"的写状与应用。"生之畜之"以下,应与五十一章合观。

载营魄抱一①,能无离乎?专气致柔②,能婴儿乎?涤除玄览③,能无疵乎④?爱民治国,能无知乎⑤?天门开阖,能为雌乎⑥?明白四达⑦,能无为乎?生之畜之⑧,生而不有,为而不恃,长而不宰,是谓玄德。

①载营魄抱一:载,处的意思。营魄,河上公注:"营魄,魂魄也。"抱一,合一。
②专:集中而不分散。
③涤(dí)除玄览(jiàn):洗垢谓之涤,去尘谓之除。览,通"鉴",镜子。玄览,人的内心,它是玄妙的形而上学的镜子。
④疵(cī):毛病。这里指欲望,老子把欲望比做镜子上的尘垢,妨碍观物体道,必须涤除。在老子看来,有欲则不虚,不虚则不静;为外物所动,便不能观物体道。十六章:"致虚极,守静笃,万物并作,吾以观复。"
⑤知:私智。老子反对以一己之智加于法,反对以智治国,反对任术以求成。
⑥天门开阖(hé),能为雌乎:天门,指目耳口鼻,这是人身上天赋的自然门户。阖,关闭。开门为有欲,阖门为无欲。王安石注:"夫万物由是而出,由是而入,故谓之天门。有开阖则有动静,有动静则有雌雄。惟其守雌以胜雄,守静以胜动,故曰'天门开阖,能为雌乎?'"
⑦明白四达:不是指耳目的明白四达,而是指心如明镜的大智。
⑧生之畜之:畜,养育、繁殖。五十一章:"道生之,德畜之。"

译文

有道之士自问,处于精神与形体合一的状态,能永不分离吗?专精守气,把精气调和得十分柔和,能像初生的婴儿一样无欲纯朴吗?清除杂念,深入内心的明镜,能一尘不染吗?爱民治国,能守法不用智术吗?感官接触自然界的对立变化,能退守柔雌吗?大彻大悟,明察秋毫,能自然无为吗?具有以上品格的道家圣人,生养了万物而不据为己有,为万物尽了力而不恃其能,助万物成长而不宰割它们,这就是最深的"德"。

◎十一章

【题解】

　　这一章是老子简洁的辩证观点。一般人的思维,以为器物做功在于它的实体,只注意实有的意义,而忽略空虚的作用。老子举三例,借器物的"有"和"无"来说明其"利"和"用",告诉研究者"有"所带给人的便利,只当它和"无"相配合时才显示出它的用处来,有与无互相发生,利和用互相表明,体显于用,用显于利,从而道出了"有"和"无"的互补性。老子所说的"道",是"有"与"无"的统一,他实在很重视有,不过不把它放在第一位。此章是对第二章"有无相生"原理的进一步展开。

【原文】

　　三十辐共一毂①,当其无,有车之用。埏埴以为器②,当其无,有器之用。凿户牖以为室③,当其无,有室之用。故,有之以为利,无之以为用。

　　①三十辐共(gǒng)一毂(gǔ):辐,车的辐条,河上公注:"古者车三十辐,法月数也。"共,拱的本字,拱卫、环绕。毂,车轮中心辐辏贯轴的圆孔部件。
　　②埏埴(shān zhí):埏,抟击。埴,黏土。埏埴,把陶土泥放入模型中拍打制成陶器。
　　③户牖(yǒu):门窗。

【译文】

　　三十根辐条拱卫着一个毂,毂有了中间的空处,才能装进车轴使车轮有转动的用处。拍击陶土泥制成器物,器皿留有中间的空处,才有盛放物品的用处。开凿门窗建造居室,居室有了门窗四壁之间的空隙,才有让人出入居住的用处。所以,"有"作为实体给人提供便利,要靠"无"来发挥作用。

◎ 十二章

题解

这一章是老子的人生论。春秋时旧贵族纵情于物欲生活,大伤身心,弄得对于真实事物有目不看,或一看就错;有耳不听,或一听就错;有口不谈,或一谈就错;心神昏乱,品行恶劣。影响所及,混淆黑白,颠倒是非,乱政害民。老子指出"圣人为腹不为目"。他以"腹"代表一种简单清净的生活,以"目"代表一种多欲的追求。明乎此,则"圣人为腹不为目",就是唤醒人要摒弃外界物欲的诱惑,而持守内心的安足,过一种无外欲的本真生活。

原文

五色令人目盲①,五音令人耳聋②,五味令人口爽③,驰骋畋猎令人心发狂④,难得之货令人行妨。是以,圣人为腹不为目⑤。故去彼取此。

①五色:青黄赤白黑。
②五音:宫商角徵羽。
③五味令人口爽:五味,酸甘苦辛咸。爽,伤败。口爽,败口。
④畋(tián):打猎。
⑤圣人为腹不为目:王弼注:"为腹者,以物养己,为目者,以物役己,故圣人不为目也。"

译文

华丽的服色,容易使人眼睛受到伤害;美妙的音乐,容易使人耳朵受到伤害;香美的食品,容易使人的口味受到败坏;纵情打猎,容易使人心发狂;稀有的商品,使人偷和抢,败坏人的品德。因此,圣人只求内在的饱腹,而不为外在的美观。所以舍后者而取前者。

◎十三章

【题解】

这一章是老子的人生论和政治论,要旨是教人不要只顾个人利益。他指出如果只顾个人利益,则得宠得辱、失宠失辱都要惊心动魄,而且给自己招来大的灾患。只有大公无私,用尽自身力量以为天下的人,才可以把治理天下的事委托给他。

【原文】

宠辱若惊①,贵大患若身②。何谓宠辱若惊?宠为下③,得之若惊,失之若惊,是谓宠辱若惊。何谓贵大患若身?吾所以有大患者,为吾有身④,及吾无身⑤,吾有何患?故,贵以身为天下,若可寄天下;爱以身为天下,若可托天下。

【注释】

①宠辱:宠辱为二物,得宠受辱。
②贵(yí):读为遗,留下的意思。
③下:下等,低级。
④有身:只知有自己,只顾个人利益。
⑤无身:与"有身"相反。即七章"是以圣人,后其身而身存"之意。

【译文】

宠和辱,都是惊恐现象,可是留下了大忧患,总是由于人的自身。何以见得宠和辱都是人的惊恐现象呢?宠本来是低级之物,人们骤然得到它,为之惊喜,一旦失掉,为之惊惧,这就叫做宠和辱都是人的惊恐。什么叫留下大忧患总是由于人的自身?我所以有患得患失的大忧患,是因为我只顾自身,如果我不顾自身,我还会有什么忧患呢?所以,人能重视自身的力量为天下人,才可以把天下委寄于他;喜欢尽自身的力量为天下人,才可以把天下托付于他。

◎十四章

[题解]

这一章是老子的宇宙论,于"道"乃作直述。形而上实存的"道",和现象界任何经验事物不同,它不是一个有具体形象的东西。它既没有形体,当然也没有颜色,没有声音。因此老子说"视之不见"、"听之不闻"、"搏之不得"。其上不亮,其下不暗,不见首尾,超越了时空。说它无,它却是真实存在着,而且天地万物都由它产生;说它有,却又看不见它。所以说它是"无状之状,无物之象"。"道"虽于时空无际无穷,若谓因缘而起,则人事有尽之时空内,仍可循理给出"道"之"古始"。"道纪"就是"道"的"理"。

[原文]

视之不见,名曰夷①,听之不闻,名曰希②,搏之不得,名曰微③。此三者,不可致诘④,故混而为一⑤。其上不皦,其下不昧⑥,绳绳不可名⑦,复归于无物。是谓无状之状,无物之象,是谓惚恍⑧。迎之不见其首,随之不见其后⑨。执古之道以御今之有,能知古始⑩,是谓道纪⑪。

[注释]

①夷:灭的意思。夷是无形无象的形容词。
②希:静的意思。静是无声无响的形容词。
③微:隐的意思。微是无体的形容词。正由于以上三者,道无所不通,无所不往。
④致诘(jié):发问。我们的耳目体不能描述它,道是超感觉的,所以不可发问。
⑤混而为一:凡可言说的,都是可分的,都是有形的具体事物,因为不可言说,故"混而为一"。混和一,都有不可分的意思,都是对道的声明。
⑥其上不皦(jiǎo),其下不昧(mèi):二"其"字,指道。皦,洁白、光亮。昧,暗藏,皦的反义词。凡物皆上明而下暗,道高无上故不皦,卑而无下故不昧。
⑦绳绳(mǐn mǐn)不可名:绳绳,运动无穷极、广大无涯际的意思,是对道的无限性的写状。道只有连续性,没有中断性,不可分,故不可名。
⑧惚恍(hū huǎng):不清不集中,似有似无,难以分辨。
⑨迎之不见其首,随之不见其后:严复说:"见首见尾,必有穷之物,道与宇宙皆无穷者也,何由见之?"道无始无终,难见首尾。
⑩古始:王弼注:"上古虽远,其道存焉,故虽在今可以知古始也。"古始,道在远古的相对开始处。
⑪道纪:道的纪元,即道的连续性编年的开始。

【译文】

　　眼看不见叫做"夷"，耳听不到叫做"希"，手摸不着叫做"微"。这三种情况，无从下手追究，往昔本来是混而为一不可分的。它的上面不明亮，它的下面也不阴暗，它的运动连续不断，无边无际，无法给它一个名称，考察的结果，仍然不得不归结为无体。这是没有动作形状的形状，没有物体的形象，这就叫做"惚恍"了。人们按照它的运行定律，迎接在前，看不见它的头面，追随在后，看不见它的背部。但是只要掌握住这个自古相传的道，运用它的定律指挥现存的一切具体事物，就可以推知"道"在远古的相对开始处，那就是道的纪元的开始了。

◎十五章

题解

　　这一章是老子的人生论,是对体道之士的描写。"道"是精妙深玄,恍惚不可捉摸。体道之士,也静谧幽沉,难以测识。如世俗人,形气秽浊,利欲熏心,浅薄得一眼就可以看到底。老子对体道之士的风貌与人格修养作了七句描述,写出他的容态和心境:其始也慎重,其终也戒惕,又具威仪、融和、敦厚、空豁、浑朴。体道之士能静能动。通过"静"的生命过程,恬退自养,静定持心,转入清明的境界。通过"动"的生命过程,生动起来,趋于创造的活动。老子对体道之士的描绘,侧重于凝静敦朴、谨严审慎的一面,《庄子·大宗师》对于"真人"的描绘,侧重于高迈凌越、舒畅自适的一面,一收一展,体道不同。

原文

　　古之善为士者①,微妙玄通,深不可识。夫惟不可识,故强为之容:豫焉②,若冬涉川;犹兮③,若畏四邻;俨兮④,其若客;涣兮⑤,若冰之将释;敦兮⑥,其若朴;旷兮⑦,其若谷;混兮⑧,其若浊。孰能浊以止?静之徐清;孰能安以久?动之徐生。保此道者不欲盈⑨,夫唯不盈,故能蔽而新成⑩。

注释

①士:信仰"道",人生循"道"的人。
②豫:兽名,性多疑。这里形容迟疑不定,下不了决心的样子。
③犹:也是兽名,警觉性很高。这里形容反复考虑,像提防戒备的样子。
④俨(yǎn):恭敬、严肃,不敢放肆。凝定、矜庄貌。
⑤涣:流散、洒脱,任自然而不执着于原状。
⑥敦:敦厚老实。
⑦旷:空阔。
⑧混:不分明。
⑨不欲盈:不敢冒进。
⑩敝:破旧的意思,与"新"为对词。

译文

　　古时候善于为"士"的人,微妙渊深而通达,深藏到一般人不可理解的程度。正因为他不是一般人所能理解,所以勉强对他加以描述:事先提心吊胆啊,像冬天赤脚过河一样逡巡不前;反复考虑啊,像提防邻国围攻一样地警觉万分;恭敬严肃啊,像是做客;洒脱无羁啊,宛如春冰将融;他的厚道啊,像未经雕刻的原木一样质朴无华;他的胸怀空旷啊,像山谷一样的虚怀;他的气量包容一切啊,像浑浊的江河一样什么都能容纳。谁能使浑浊停止?安静下来,自然会慢慢澄清;谁能长久保持平安?变动起来,会慢慢显出生机。坚守这种"道"的人,不追求冒进,正因为他不冒进,所以能在破旧的事物中获得新生。

◎十六章

题解

这一章是老子的认识论,强调致虚守静的工夫修养和复归之理。一个人运用心机会蔽塞明澈的心灵,"致虚"就是要消解心灵的蔽障和厘清混乱的心智活动。致虚须守静,通过"静"的工夫,才能深蓄厚养洞察力。老子以"归根"一辞作为"静"的定义,又以"复命"一辞作为"静"的写状。"复明曰常,知常曰明","明"就是理性认识。老子的复归说对后来宋学的复性说有影响。

原文

致虚极①,守静笃②,万物并作,吾以观复。夫物芸芸,各复归其根。归根曰静③,是曰复命④,复命曰常,知常曰明。不知常,妄作,凶。知常容,容乃公,公乃王⑤,王乃天⑥,天乃道,道乃久,殁身不殆⑦。

注释

①致虚极:致,下工夫修养,使自己达到。虚极,心灵极度虚寂,捐情去欲。
②笃(dǔ):忠诚,全心全意。
③归根曰静:万物生于道,老死又回归于道,物是动的,道是静的,所以把归根叫静。
④复命:交还所受之命。命是赋予生物的生存指令。
⑤王(wàng):天下归从。
⑥天:大公无私的天。
⑦殁身不殆:殁(mò),死。殆(dài),危险。

译文

尽量使自己的心灵排除杂念,达到虚空的极点,坚守清静的笃诚,万物齐生长发展,我借以观察循环往复之理。说起物的万千纷杂,各自又回归到自己的根上。归根就是大静,静就是交还使命,交还使命是常理,知道这个常理的就是看事明。不知道这个常理,荒诞乱兴作,结果必凶。知道这个常理,才能有包容的精神;有包容的精神,才能坦然大公;坦然大公,天下的人心才能归从;天下归从,才能符合自然的天;符合自然的天,才能符合"道";符合了"道",才能长久,至死没有危险。

◎ 十七章

这一章是老子的政治论。他把国君分为四等。前三等虽有高下,却都有根有据,头等是道家任自然,其次是儒家施德政,又次是法家任刑罚。至于最下等,无根无据,根本不入品,人民蔑视他。政府和人民,最好是相安无事,国君有功于百姓而百姓不知,政治权力完全消解,大家呼吸在安闲自适的空气中。"自然"一辞,全书计有五处,都不指自然界,而是对中心思想"无为"的写状,是不加人为的意思。

太上①,下知有之②,其次亲而誉之③,其次畏之,其次侮之。信不足焉,有不信焉!悠兮,其贵言④。功成事遂,百姓皆谓"我自然"。

【注释】

①太上:比上还上。
②下知有之:太上处无为之事,行不言之教,万物作焉而不为始,所以下知有之而已,意思是服从太上。
③其次亲而誉之:不能以无为处事、不言为教,立善施化,使下面得亲而誉之。
④贵言:惜言如金。

最好的统治者,下面百姓仅仅知道有他存在,跟从而已;次一等的统治者,下面的百姓对他有感情,加以赞美;再次的统治者,不以恩仁而赖威权,下面的百姓畏惧他;最差的统治者,下面的百姓不从其令,根本看不起他。因为号令太多,不足信任,才有不信任的事情发生啊!所以最好的统治者悠闲无为,很少发号施令,事事成功办好,结果百姓们都说:"我们本来就是这样的。"

◎十八章

题解

这一章是老子的政治论,在其政治学说中引入了历史辩证法。自然之世被破坏,始有仁义的倡导。如果上下一心,何来忠臣。他认为仁义、大伪、孝慈、忠臣,都是病态社会的产物。老子出身史官,由洞明历史而成其超上之哲学,旷观乎百世之变,自立于九霄之上,下视人伦物理,而申其自然无为、返璞归真之道。

原文

大道废,有仁义①;慧智出,有大伪②;六亲不和③,有孝慈;国家昏乱,有忠臣。

注释

①大道废,有仁义:失掉无为之事,更换成施惠立善以济世。
②慧智出,有大伪:君主以智慧治国,则治下就有斗智者,应之以大伪。
③六亲:父子、兄弟、夫妇。

译文

人类社会无为而治的大道被废弃了,才有人提倡所谓仁义;智慧产生了,才有人做出来大的诈伪;家庭六亲不和睦,才有人要求父慈子孝;国家陷于混乱,才有人奖励忠臣。

◎ 十九章

题解

这一章是老子的政治论,紧接上章而言。上章是叙说社会的病象,本章是对于社会病象所提出的治方。老子注重自然人的利益,反对古代统治阶级的一切文化,否定它对人民的意义。他主张彻底弃绝圣智、仁义、巧利三事,而后人民才能得实利与本性,这是一种釜底抽薪的办法。正面的治方,在于使大家回归朴素的天性,消解私心欲望。孔子重"文",老子重"质",此其大别。

原文

绝圣弃智①,民利百倍;绝仁弃义,民复孝慈②;绝巧弃利,盗贼无有③。此三者以为文不足④,故令有所属,见素抱朴⑤,少私寡欲。

注释

①绝圣弃智:《老子》中常称道德修养最高的人为"圣人",是道家的圣人,书中共三十二见。此处言"绝圣",不是自相矛盾,这"圣"是自作聪明的意思,是指一种智能,不同于"圣人"的圣。老子把智慧视为一种祸害,十八章:"智慧出,有大伪。"六十五章:"民之难治,以其智多。"所以他认为"绝圣弃智,民利百倍"。

②绝仁弃义,民复孝慈:王安石说:"仁者,有所爱也;义者,有所别也;以其有爱有别,此大道所以废也。"有所爱,就有所不爱;有所别,就不能一视同仁。这里的"孝慈"与十八章"六亲不和,有孝慈"的"孝慈"不同。六亲之间的孝慈是《礼记·礼运》"天下为家,各亲其亲,各子其子"的孝慈,这里的孝慈则是人们不知有孝慈的孝慈。

③绝巧弃利,盗贼无有:巧,先进技术。利,私利。五十七章:"人多伎巧,奇物滋起。"

④文:《论语·雍也》:"质胜文则野,文胜质则史。文质彬彬,然后君子。"在中国传统文化中,文和质是相对的两个范畴。文,文饰。质,质朴。

⑤见(xiàn)素抱朴:丝不染色为素,木未加工为朴。

译文

与圣明断绝,抛弃智慧,实行无为而治,人民才能有百倍的利益;与仁德断绝,抛弃大义,实行无为而治,人民才能返回到本有的孝慈;与巧技断绝,抛弃私利,不加以提倡,盗贼才能消灭。以上三条消极原则,作为医治社会病态的理论是不够的,所以使它从正面有所从属。那就是,外在的单纯,内心的朴素,减少私心,降低欲望。

◎二十章

题解

这一章是老子的人生论,也是充满哲理的讽刺诗。"绝学无忧",意思是不要跟学当时走红的显学,以免扰攘天下。在老子看来,从"唯"与"阿"的小差别发展到"善"与"恶"的大对立,都是扰攘的结果,人们害怕这控制不住的发展,我也不能不害怕。遗憾的是,此风未休,众人仍在鼓噪,独我淡泊宁静,成世外遗人。所举"众人熙熙"、"众人皆有馀"、"众人皆有以"三组人,与我对比,都是反话。最后点出自己看重的与俗人看重的过眼烟云不同,自己贵得"道",从而表明独立的价值观。

原文

绝学无忧①。唯之与阿②,相去几何?善之与恶,相去若何?人之所畏,不可不畏,荒兮③,其未央哉④!众人熙熙⑤,如享太牢⑥,如春登台。我独泊兮,其未兆⑦,如婴儿之未孩⑧;儽儽兮⑨,若无所归。众人皆有馀,而我独若遗。我愚人之心也哉,沌沌兮⑩。俗人昭昭⑪,我独昏昏;俗人察察⑫,我独闷闷⑬。澹兮,其若海⑭;飂兮⑮,若无止。众人皆有以⑯,而我独顽似鄙。我独异于人,而贵食母⑰。

①学:此处指文化学问。
②唯之与阿(hē):唯,恭敬的应诺声,是服从听命的语声。阿,通"呵",怒斥声。
③荒:洪荒,指远古时代。
④央:尽的意思。
⑤熙熙(xī xī):和乐的样子。
⑥如享太牢:享,通"飨",满足地享受。太牢,古代帝王祭祀,供品牛、羊、豕三牲全备,叫太牢。
⑦未兆:没有迹象,形容无动于衷。
⑧未孩:孩,婴儿的笑声。笑则情动而识生。未孩,尚未开笑,言其无情感、无知识。
⑨儽儽(lěi lěi):疲倦的状态,通"累"。
⑩沌沌(dùn dùn):混混沌沌,无知貌。
⑪昭昭:明辨事理。
⑫察察:清的意思,看事清明。
⑬闷闷:浊的意思,通"昧"。

⑭澹(dàn)兮,其若海:澹,安静、恬澹。相对于江河湍急奔腾入海,大海是平静的。
⑮飂(liú):飘荡的风,无所系拴。
⑯有以:有用,有为。
⑰贵食母:看重道。点出得道之人无知无识,像婴儿唯知食母那样的天真无邪。

　　与文化学问断绝,才能免于忧患。应诺与斥呵,都是一种声音,起初只有恭慢之分,能有多少差别?可是其发展,后来则有善恶之别,这相差该有多大? 人们所怕的罪恶,我也不能不怕,这从远古以来已如此,这风气还不知何时方休! 众人的生活是那样的其乐陶陶,好像参加盛典,多么的欣喜激动,好像春和景明之时登临亭台,多么的畅意。只有我,淡漠世事,无动于衷,像未开口笑的婴儿一样无知无识;疲劳啊,竟似无处可归。众人都有多馀的东西,而我单单好像什么也不足。我真是愚人的心智啊,混混沌沌。一般人是那么明辨事理,我却糊里糊涂;一般人是那样看事清明,我却头脑很昧。何等的平静啊,像无边的大海;潇洒的像飘风啊,无处可以系拴我。众人都有其用,而我单单不开化,好像太低级。我独自与人不一样,而看重得到了"道"。

◎二十一章

【题解】

这一章是老子的宇宙论。"孔德之容,惟道是从",这是说明"道"和"德"的关系。其关系是:一、"道"是无形的,它必须作用于物,透过物的媒介,而得以显现它的功能。"道"所显现于物的功能,称为"德"。二、一切物都由"道"所形成,都来历于道,内在于万物的"道",在一切物中都表现它的属性,即表现它的"德"。三、形上的"道"落实到人生层面时,称之为"德"。要之"道"是"德"的本体,"德"是"道"的分形应用。"道"虽幽隐无形,但它确实存在,本章和十四章一样,集中描述了形上之"道"的多角显示,说明"道"虽飘忽难以捉摸,但它确有它的表象,有它的实质,有它的精神,有它的信验。"精"是最微小的原质。

【原文】

孔德之容①,惟道是从。道之为物,惟恍惟惚②。惚兮恍兮,其中有象;恍兮惚兮,其中有物;窈兮冥兮③,其中有精④;其精甚真,其中有信。自古及今,其名不去,以阅众甫⑤。吾何以知众甫之状哉?以此。

【注释】

①孔:大。
②惟恍(huǎng)惟惚(hū):不清楚,似有似无。
③窈(yǎo)兮冥(míng)兮:窈,深远。冥,昏暗。
④精:极细微的物质性的实体。《庄子·秋水》:"夫精,小之微也。"即小中最微小的。
⑤以阅众甫:阅,看到。甫,开始。

【译文】

大德的内容,只是遵从"道"的定律。道这个东西,没有固定的形体。惚惚恍恍啊,其中有它的物象;恍恍惚惚啊,其中有它的物体;深远昏冥啊,其中涵着它极细微的精气;这精气极为真实,其中有它的信验。从古到今,称它为道,这个名字是不会消除的,它看到了万物的开始。我何以知道万物开始时的情况呢?就是根据道生天地、天地生万物的这个定律。

◎ 二十二章

【题解】

这一章是老子的方法论与人生论。常人能见到的只是事物的表象,看不到事物的里层。老子以其从生活经验提炼的智慧,来观照现实世界一切活动,认为:一、事物常在对待关系中产生,我们必须对于事物的两端都能加以彻察。二、我们必须从正面去透视负面的意义,对于负面意义的把握,更能显现出正面的内涵。老子认为在"曲"里面存在着"全"的道理,在"枉"里面存在着"直"的道理,把握了其中底层的一面,自然可以得着显相的另一面。众生喜欢追逐事物的显相,急功近利,引出无数纷争。求全之道,莫过于不争:不自见、不自是、不自伐、不自矜,皆不争之道。

【原文】

"曲则全①,枉则直②,洼则盈,敝则新,少则得,多则惑"。是以,圣人抱一为天下式③。不自见,故明;不自是,故彰;不自伐,故有功;不自矜④,故长。夫唯不争,故天下莫能与之争。古之所谓"曲则全"者,岂虚言哉?诚全而归之。

【注释】

①曲则全:循环之谓。引一条直线可至于无限无穷,不得谓之全,一条圆曲线还于起点,斯可谓之全线。
②枉:屈身。
③一:与多对,道至大而无外谓之一,数至简而为元亦谓之一。
④矜(jīn):妄自尊大。

【译文】

古语说:"能低头就能保全,能受屈枉就能伸直,能处卑下就能充实,少学就有收获,多学就会迷惑。"因此,圣人用这不可分割的"一"作为天下的衡器。不坚持己见,所以才看得格外分明;不自以为是,所以是非得以昭彰;不自居自夸,所以才有功劳;不妄自尊大,所以才能领导。正因为不与人争,所以天下没有能与他争胜的。古语所说"能低头就能保全"这些话,哪里有半点假?的确使保全的好处归于他。

◎二十三章

题解

这一章是老子的政治论,标出"希言"的政治策略。希言就是少声教法令之治,行清静无为之政,以不扰民为原则,百姓安然畅适,这才符合自然之道。王侯用急狂的暴政,压迫鞭挞人民,决不会长久。

原文

希言自然①。故,飘风不终朝②,骤雨不终日③。孰为此者?天地。天地尚不能久,而况于人乎?故从事于道者:道者同于道,德者同于德,失者同于失④。同于道者,道亦乐得之;同于德者,德亦乐得之;同于失者,失亦乐得之,信不足焉,有不信焉!

注释

①希言自然:少说话是合乎自然的。行不言之教。与第五章"多言数穷"成一个对比。言,内含之义指声教法令。
②飘风:狂风,疾风。喻政治之求速发狂。
③骤雨:急雨,暴雨。喻政治之急暴。
④失:指失"道",失"德"。

译文

少说话是合乎自然的理智。所以,狂风狂不了一早晨,暴雨下不了一整天。谁做这狂风暴雨的事?当然是天地。天地的狂暴势头尚且不能持久,何况人的狂暴行为呢?所以奉道为事业的人应该知道:求"道"的,就在使自己与"道"相同;求"德"的,就在使自己与"德"相同;求"失"的,就在使自己与"失"相同。与道相同的人,道也愿意得到他;与德相同的人,德也愿意得到他;与失相同的人,失也愿意得到他。因为号令太多,不足信任,才有不信任的事情发生啊!

◎ 二十四章

【题解】

这一章是老子的人生论,阐发其谦退柔的处世哲学。"企者"、"跨者"都是拔苗助长;"自见"、"自是"、"自伐"、"自矜",这些轻躁的举动都是反自然的行径;此六者最终不能成功。人有美德大功,自然彰明于世,自炫自高皆不需,譬如"馀食赘行",乃为人所轻。老子为道,"无我"而已,与杨子"为我"之学,适成对反。

【原文】

企者不立①,跨者不行②,自见者不明,自是者不彰,自伐者无功,自矜者不长。其在道也,曰馀食赘行③,物或恶之,故有道者不处。

【注释】

①企:抬起脚跟,踮起脚尖。想要争高。
②跨:腾越。想要争先。
③赘(zhuì):多馀。

【译文】

踮起脚尖想要争高,结果不能久立;跨步速进想要争先,结果不能远行;坚持己见的,反而看不分明;自以为是的,是非反而不能昭彰;自居自夸,反而丧失功劳;妄自尊大,反而不能领导。这些从"道"的普遍原则来衡量,就都是剩饭和多馀的举动,众人难免讨厌它,所以有道的人不这样做。

◎二十五章

【题解】

这一章是老子的宇宙论,直言"道",承一、四、十四、二十一诸章而最为概要。要义有五:一、"先天地生"。此义已见于一、四章,打破了天、帝的有神论的旧哲学。二、"独立而不改"。指明"道"的绝对性和永存性。现象界一切事物都是相对的,而"道"是个绝对体,它绝于对待,没有对立面,独立存在。三、"周行而不殆"。"道"又是一个变体,自动循环运行,永不停息。四、"道法自然"。万物都以别物为依据,故皆法他。惟"道"只根据自己内在的原理独立存在,独立运行。"道法自然"是老子哲学的基本思想。五、我们对"道"的认识还远远没有完成。我们讲的"道"还不是客观存在的"道"本身,不是它的全体,我们只是勉强取了"道"这个名字,代表我们对它的了解。对于至大无可名言之道,老子表之以至简之言,其思想组织之精严若此。

【原文】

有物混成①,先天地生。寂兮寥兮②,独立不改③,周行而不殆④,可以为天下母。吾不知其名,字之曰道,强为之名曰大⑤。大曰逝⑥,逝曰远,远曰反。故,道大,天大,地大,人亦大。域中有四大,而人居其一焉。人法地,地法天,天法道,道法自然⑦。

【注释】

①有物混成:混,合的意思,混合为一个整体,形容道尚未分化的状态。
②寂兮寥兮:寂,无声。寥,无形体。
③独立不改:不依赖于任何物,所以说是独立。严复说:"不生灭,无增减,万物皆对待,而此独立,万物皆流迁,而此不改。"道是绝对的存在。
④周行而不殆:周行,循环运行。殆,马叙伦说:"殆借为怠。"
⑤大:无外曰大,即无限的大。
⑥逝:王弼注:"行也。"指"道"的运行,周流不息。
⑦道法自然:王弼注:"道不为自然,乃得其性。"这里的"自然"不是指自然界,而是自己如此的意思。

【译文】

有一个东西,混合成为整体,在有天地以前就已产生了。它无声响啊,又空虚无形!它永远不依靠外力,自动循环运行,永不停息,可以看作是天地万物所由来的母体。我不知道它的名称,给它一个表字,叫做道,勉强给它命名为大。它广大无边而运行不息,运行不息而伸向遥远,伸向遥远又返回本原。所以说,道是大的,天是大的,地是大的,人也是大的。宇宙间有四个大,而人占其中一个。人取法地,地取法天,天取法道,道取法自己的样子。

◎ 二十六章

题解

这一章是老子代侯王设计的人生论。《韩非子·喻老》："制在己曰重,不离其位曰静";"无势之谓轻,离位之谓躁"。持重与定静,是侯王应具的条件。以轻躁的作风立身行世,是不明白角色的意义。老子有感于当时统治者的轻佻与急躁,感叹说:"奈何万乘之主,而以身轻天下?"这是一句很沉痛的话。老子反对尧、舜、禹以天下让人之说,认为侯王效此,是极端轻躁之举。戒轻戒躁,诚可垂为法教。

重为轻根,静为躁君①。是以,圣人终日行,不离辎重②,虽有荣观③,燕处超然④。奈何万乘之主⑤,而以身轻天下?轻则失根,躁则失君。

①静为躁君:躁、动的意思。不动者制动,所以说"静为躁君"。
②不离辎(zī)重:辎重,行军时运载器械、粮草、材料的运输车,有篷布。不离辎重,写圣人寸步不离根本。
③荣观:宫阙。
④燕处:安居的意思。
⑤万乘(shèng)之主:乘,古代四匹马拉的兵车,一部车子叫一乘。万乘之主,指大国的君主。

重是轻的根本,静是动的主宰。因此,圣人终日行军,不离开载有粮草的辎重车,虽有宫室可供居住,仍然守着辎重,安居超然,不为所动。哪里犯得着以万乘之身冒险而轻视统治天下的重责?轻举要失去根本,妄动要失去主宰。

◎二十七章

【题解】

这一章是老子的人生论。先提出五善。"善行",就是指善于行"无为"之政。"善言",就是指善于行"不言"之教。"善数"、"善闭"、"善结"各句,也都是以自然为道,无所着迹之意。其次指出,圣人常善于救人救物,了解人各有才,物各有用,所以废人废物都转为有用的人物器材,如巨匠之无弃材,视凡材无不可用。此种"袭明",即因人之明,因袭乃道家之一术。最后指出,善人与不善人有互补的关系。本章不仅写出有道者任自然的待人接物,也表达了有道者无弃人弃物的自然心怀。

【原文】

善行,无辙迹①;善言,无瑕谪②;善数,不用筹策③;善闭,无关楗而不可开④;善结,无绳约而不可解⑤。是以,圣人常善救人,故无弃人⑥;常善救物,故无弃物;是谓袭明⑦。故,善人者,不善人之师,不善人者,善人之资⑧。不贵其师,不爱惜其资,虽智大迷。是谓要妙⑨。

【注释】

①辙(zhé)迹:车子在泥土的路上走过,车轮辗过留下的痕迹。
②善言,无瑕谪(xiá zhé):善言,顺物之性。瑕谪,缺点、毛病。
③筹策:古代运算所用的竹制筹码。
④关楗(jiàn):古代门户的关楗是木制的,横的叫关,即栓,竖的叫楗。
⑤约:捆的意思。
⑥常善救人,故无弃人:有救人,就有弃人。圣人善救人,故无弃人。
⑦袭明:承袭了聪明。
⑧资:借鉴、帮助。
⑨要妙:要,通"杳"。要妙,无影无声的妙。

【译文】

善于行事,不留痕迹,无迹可寻;善于谈话,不留破绽,无瑕可指;善于运算,不用筹码,心中有数;善于闭门,不用门闩而不可开,以道自守,坚不可破;善于团结,不用绳索捆绑而不可解,同心相结,密不可分。因此,圣人总是善于挽救人,所以没有被遗弃的人;总是善于拯救物,所以没有被废弃的物。这就叫袭用了道的聪明。所以,善人是恶人的老师,恶人也是善人的借鉴。不重视他的老师,不爱惜他的借鉴,虽绝顶聪明也会做下糊涂之事。这就叫做无影无声的妙。

◎二十八章

题解

　　这一章是老子的人生论和政治论,着重讲"复归"的学说。"知雄守雌",对于"雄"的一面有透彻的了解,而后自处"雌"的一方,内敛、守柔、含藏,不仅执持"雌"的一面,而且可以运用"雄"的一方,如是则主宰根本而掌握了全局,其命脉实在前一句"知雄"。"道"本身的形象就像溪涧、山谷,所以人的修养到了如溪如谷的程度,也就与"道"的体现"常德"合而为一事。这样的人就回归到婴儿的天真状态。归于婴儿,和也;归于无极,不可量也;归于朴,质素也。其在政治上展开,如原材料总要分解成各种器物,圣人运用这个道理设置各种官职,也是因其自然。"大制不割",指最高执政者只是抓住天下的整体,统领全局,起"朴"的作用,而让百官去起不同的"器"的作用。

原文

　　知其雄,守其雌,为天下谿①。为天下谿,常德不离②,复归于婴儿。知其白,守其黑,为天下式。为天下式,常德不忒③,复归于无极。知其荣,守其辱,为天下谷。为天下谷,常德乃足,复归于朴。朴散则为器④,圣人用之,则为官长。故,大制不割。

注释

①谿(xī):同溪,水沟,处于卑下地位。
②常德:人类原有的德性。
③忒(tè):差错。
④器:与道对称,道无形,器有形。

译文

　　深知自己是雄强的,却自居于雌柔的地位,甘做天下的水沟。做天下的水沟,原有的德性就不会离散,又回复到婴儿的天真。知道自己是清白的,却自居于污黑的地位,甘做天下的范式。做天下的范式,原有的德行就不会差失缺损,又回复到最终的真理。知道自己的荣显,却居于卑辱的地位,甘做天下的空谷。做天下的空谷,原有的德性才能保持充足,又回复到上古的纯朴。上古的纯朴被破坏后,出现政治工具,圣人使用它,建立了管理和领导。所以,大的管理以天下心为心,朴、器为一整体而不可割裂。

◎二十九章

题解

这一章是老子的政治论,对"有为"政治提出警告。"有为"就是以主观意志去扭转天下,或把天下据为己有。天下是个神圣之物,不属于哪个人,不能勉强按哪个人的意志去摆弄它,也不能由哪个人据为己有。反其道行者必定失败,必定失掉它。万物以自然为性,故可因而不可为,可通而不可执。物既各有自然之性,有的前行,有的后随,岂可人为使其相反而害之邪?是以圣人为政,无为之旨,在于去甚、去奢、去泰,惟因其自然而已。

原文

将欲取天下而为之①,吾见其不得已②。天下神器,不可为也。为者败之,执者失之。故,物或行或随,或歔或吹③,或强或羸④,或挫或隳⑤。是以,圣人去甚,去奢,去泰。

注释

①将欲取天下而为之:取,治的意思。为,有为,主观勉强去做。
②不得已:达不到目的。已,语助词。
③或歔(xū)或吹:歔,同"嘘",轻轻缓缓地吐气。吹,急速吐气。
④羸(léi):瘦弱。
⑤隳(huī):毁坏。

译文

想要治理天下而强行去做,我预见他达不到目的。天下是神器,是不能强行统治的。强行统治的,最后失败,用力把持的,最后失掉。所以,一切事物秉性不同,有的前行,有的后随;有的轻嘘,有的急吹;有的强壮,有的瘦弱;有的小挫,有的全毁。因此,圣人为政,要去掉那些极端的、奢侈的、过分的东西。

◎三十章

题解

这一章是老子的军事论。先秦诸子，无不欲以其道济天下，以庄生之逍遥外物，题其篇曰《大宗师》，曰《应帝王》，其情概见。老子在此垂戒，佐人主以道不以兵。人类最残酷的行为，莫过于战争。老子反对非必要的武力，反对诸侯争夺霸权的、非正义的战争，指出它造成城乡破坏，给人民带来巨大的灾难，同时也是统治者自取灭亡。这是对霸权主义者的严重警告。

原文

以道佐人主者，不以兵强天下，其事好还①：师之所处，荆棘生焉，大军之后，必有凶年。善有果而已②，不敢以取强。果而勿矜，果而勿伐③，果而勿骄，果而不得已，果而勿强。物壮则老④，是谓不道，不道早已。

①还：报应。
②果：达到目的。
③伐：自夸功绩。
④壮：指靠武力达到强大。

用道家学术辅佐人君的人，不用军队逞强于天下，用兵这件事最容易得到报应：军队驻扎过的地方，荆棘丛生，田园荒芜，大战以后，一定有凶荒的年景。只要达到目的便罢休了，不敢用军队来逞强。战胜不要自大，战胜不要自夸，战胜不要自骄，战胜要认为这是出于不得已，战胜不要逞强。事物太强壮，就会走向衰老，这就叫做兵事不合乎道，不合乎道就要提早灭亡。

◎三十一章

【题解】

这一章是老子的军事论,核心是端正用兵之心。指出兵事总归要杀人,是一种凶事,是不祥之事,所以"非君子之器"。言下之意,即便不得已而用兵,也已不是君子。表明了老子反战的大思想。若是为了除暴救民不得已而用兵,也应"恬淡为上",不要为泄私愤、逞贪欲而战。即使战胜了,不要洋洋得意,洋洋得意就是乐杀人,极不道。即使战胜,也不得用吉礼庆祝,以丧礼来处理而已。这是人道主义的呼声。

【原文】

夫唯兵者①,不祥之器,物或恶之②,故有道者不处。君子居则贵左,用兵则贵右③。兵者不祥之器,非君子之器,不得已而用之,恬淡为上④。胜而不美,而美之者,是乐杀人。夫乐杀人者,则不可以得志于天下矣。吉事尚左,凶事尚右,偏将军居左,上将军居右,言以丧礼处之。杀人之众,以哀悲莅之⑤,战胜,以丧礼处之。

【注释】

①兵者:打仗之事。
②物:公众。
③君子居则贵左,用兵则贵右:古礼主居右而客居左,因以左为尊位之称。
④恬淡:恬,指内心没有私愤。淡,指内心没有贪欲。
⑤莅(lì):到场。

【译文】

说起打仗一事,那可是不吉祥的事物,公众憎恶它,所以有道的人不做这事。有君子厚道心的人,平时看重上进,打仗时则以保守为上。战争这个不吉祥的工具,不是君子的工具,万不得已要用它,也以恬淡不争之心为上。战胜并非美事,而以此为美事,那就是喜欢杀人。喜欢杀人的人,就不能得志于天下了。吉庆事以左为上,凶丧事以右为上,军礼偏将军在左边,统帅上将军在右边,意思是用丧礼来对待。杀了人家兵众,以悲哀的心情到场处理,用丧礼来处理战争的胜利。

◎三十二章

这一章是老子的政治论,强调侯王要体"道"。老子用"道常无名"与"始制有名"来对比"道"与政治的关系。道之为原素之朴,小可至精无形,大可无所不包,具有不可臣性,侯王若能守此,万民就自动归附他了。天地互动,降下甘露很均匀,这是天地保持了"道"的品质,把事情办得很好,侯王应该以天地为榜样。"始制有名"是二十八章"朴散则为器"的另一种表述,讲的是社会总要有个组织,有个制度,借以确定各种名分。

道常无名①,"朴"虽小②,天下莫能臣也。侯王若能守之,万物将自宾。天地相合,以降甘露,民莫之令而自均。始制有名③,名亦既有,夫亦将知止,知止可以不殆。譬道之在天下,犹川谷之于江海。

①道常无名:道以无名为常态,所以说道常无名。
②朴虽小:三十七章:"吾将镇之以无名之朴。"朴是对道的一种规定。小,这是就道的超形象、超感觉而言,是说道的微妙无形体。
③始制有名:制,裁的意思。二十八章:"朴散则为器。"然后据器立名。

道永远是无名的,其朴素虽小,天下没有谁能臣服它。侯王若能守住它,天下百姓将会自动地服从。天气、地气相合,便降下甘露,人民没有奉命令而自然均匀。有了管理,就有了名位,名位既已产生,也应该知道适可而止,知道适可而止,就可以避免危险。要比方"道"为天下所归,那正像川谷之水归入江海一样。

◎ 三十三章

题解

这一章是老子的人生论,着重讲自我修养重于与他人比较。其述人生哲理,第十章以问话形式出现,第二十章以反话形式表达,此章则全是正面直言。一个人能"自知"、"自胜",正确审视自己,克制自己,才能成为高明的强者。"知足"、"强行"、"不失其所",才能进一步开展他的精神生命,自致于不朽。在老子看来,自知、自胜比知人、胜人更重要,此立于己之旨。

原文

知人者智①,自知者明②。胜人者有力,自胜者强。知足者富,强行者有志,不失其所者久③,死而不亡者寿④。

注释

①智:机智、智慧。《老子》中是贬义词。
②明:高明、理性的认识。
③不失其所:非谓不失其居处,而谓不失其所以自处者。
④死而不亡:身没而道存。

译文

了解别人叫做智慧,了解自己才是高明。战胜别人叫做有力,克服自己的弱点才是坚强。知道满足的人就富了,顽强坚持力行的人就是有志,不失其根据的就是长久,身死道存的就是永生。

◎三十四章

这一章是老子的宇宙论,讲"大道"的品质。"道"生长万物,养育万物,使万物各得其所,各适其性,而丝毫不加以主宰。它可名于渺小,也可名于伟大,而因它不自为大,所以能成其为大。自为大,则"自"是"大"的对立面,"自"已相形见其小。老子"不辞"、"不名有"、"不为主"的"大道"精神,充满着真爱与温暖。

大道氾兮①,其可左右。万物恃之而生而不辞②,功成不名有,衣养万物而不为主。常无欲,可名于小;万物归焉而不为主,可名为大。以其终不自为大,故能成其大。

①氾(fàn):同"泛",水向四处漫流,叫做泛滥。形容道的无所不在。
②不辞:不说三道四,不加干涉。

大道像水泛滥啊,它可以同时向左流,又向右流,如是无所不到地漫流。万物依靠它生长,它对万物从不加干涉,育物功成,它却不认为自己功劳在哪里,护养着天下臣民万物而不自以为是主人。它永远没有私欲,其实也没有自己的形体,可把它叫做再不能小的小;万物归附它,而它不自以为是主人,可把它叫做再不能大的大。由于它到底不自以为大,所以能成其之大。

◎三十五章

【题解】

这一章是老子的政治论。指出执守大道,天下人都会归向,各不妨害,大家得到和平与安泰。仁义礼法之治,有如"乐与饵",一般执政官员,犹如"过客"。在此警诫一般的执政官员不要陶醉于"乐与饵"那样的表面文章,要归依自然质朴的大道,才能有不尽的长治久安与发展。

【原文】

执大象①,天下往。往而不害,安平泰②。乐与饵③,过客止。道之出口,淡乎其无味,视之不足见,听之不足闻,用之不足既④。

【注释】

①大象:大道之法象,即十四章"无物之象",即"道"。四十一章:"大象无形。"即无象之象。
②泰:物大通之时,叫泰。
③乐与饵:音乐与美食。
④用之不足既:既,尽。苏辙说:"作乐设饵以待来者,岂不足以止过客哉?然而乐阕饵尽,将舍之而去矣。若夫执大象以待天下,天下不知好之,又况得而恶之乎?虽无臭味、形色、声音以悦人,而其用不可尽矣。"

【译文】

守住大象这个道,天下人都来向他投靠。投靠而不互相妨害,大家都平和安泰。乐声与美食,能使行路人为之止步。但是"道"由口里说出,淡得没有一点味,看它,没有什么可看的,听它,也没有什么可听的,用它,却没有用得完的时候。

◎三十六章

题解

这一章是老子的方法论。此章之术,长期为儒林所诟病,恶其机之深也。但老子之机,是物极必反的自然之机,当事物发展至某一个极限的时候,它自动会向相反的方向运转,此消息盈虚相因之理,物势之自然。老子不过告诉人们提防此机,而除强暴者可因此机。这就说明"柔弱胜刚强"。

原文

将欲歙之①,必固张之②;将欲弱之,必固强之;将欲废之,必固兴之;将欲夺之,必固与之。是谓微明③,柔弱胜刚强。鱼不可脱于渊,国之利器④,不可以示人。

注释

①歙(xī):收缩、合起来。
②固:暂且。通"姑"。
③微明:隐而不见的聪明。王弼注:"将欲除强梁、去暴乱,当以此四者。因物之性,令其自戮,不假刑为大以除将物也,故曰微明也。"
④利器:指政权、军事力量、刑典。

译文

将要收缩他,一定先暂且扩张他;将要削弱他,一定先暂且加强他;将要废弃他,一定先暂且抬举他;将要夺取他,一定先暂且给予他。这就是隐而不见的聪明,是一种柔弱胜刚强的办法。自己的刚强隐蔽在柔弱中不暴露,就像鱼不能脱离渊水一样,国家有效的权力手段,不可以随便拿出来给人看。

◎ 三十七章

【题解】

这一章是老子的政治论。提出的典型的理想政治是无为而"自化"(delft-transform),让人民根据条件自我化育、自我转换、自我调整,"自我"作为过程的一部分自我完成。如果在自生自长中萌生"欲作"的现象,就镇之以"无名之朴","朴"就是"无为"的写照,使之清醒,消解欲望,天下自然走上轨道,民风真朴而自定。此章是老子《道经》最后一章,旨在阐明如何使政治走上轨道。老子哲学之根本,在于体悟"道"的造化原理。

【原文】

道常无为①,而无不为。侯王若能守之,万物将自化。化而欲作,吾将镇之以无名之朴②。无名之朴,夫亦将不欲。不欲以静,天下将自定。

【注释】

①道常无为:顺其自然,无意志、无目的作为。道,宇宙的本体。
②朴:万物的总根源。

【译文】

道永远是无为的,而没有一件事物不是它所为。侯王如果能遵守道的法则,万物将自动向他归化。归化了,如有欲望发生,我将用"无名之朴"来镇安他们。"无名之朴",那也不过是根绝不正当的欲望。人们没有不正当的欲望,因而就能安静,天下自然将会稳定、太平。

◎ 三十八章

这一章是老子重要的政治论,核心是对"礼"的否定。老子的"德"是"道"在人间的应用与体现,德者得也,人类认识了"道"的原理加以遵从,应用于政治、社会、人生各方面就叫"德"。"道"是"德"的体,"德"是"道"的用,为同一事而不能分离,有"德"之人,就是替"道"治世的人。本章是老子《德经》的首篇,此章立论的动机,实有感于人际关系愈来愈外在化,愈来愈强化,而自发自主的精神日渐消退,仅靠一些规范把人的思想行为定着在固定的形式中。要义有三:第一,从居心上来区别道、德、仁、义、礼的层次。第二,指出了道、德、仁、义、礼产生的历史顺序,"大道"之世,有道有德,进入国家,渐有仁、义、礼。仁、义出于"下德",属于有心所为,已非自然之事,至于"礼"就更注入勉强的成分。实际到后来,便是礼失而后法,完全强制。所以,第三,"礼"是"忠信之薄而乱之首"。老子时代,"礼"已成为繁文缛节、拘锁人心的事物,已被剽窃名位者所盗用,老子反对"礼"对人性的拘束,向往自由真实的生活。

上德不德①,是以有德。下德不失德,是以无德。上德无为而无以为②,下德为之而有以为。上仁为之而无以为,上义为之而有以为,上礼为之而莫之应,则攘臂而扔之③。故,失道而后德,失德而后仁,失仁而后义,失义而后礼。夫礼者,忠信之薄而乱之首。前识者④,道之华而愚之始。是以,大丈夫,处其厚,不居其薄,处其实,不居其华。故去彼取此。

①上德:指自然德性,与人类创造的仁、义、礼的那些下德不同。上德是完全符合道的精神,二十一章:"孔德之容,惟道是从。"
②上德无为而无以为:以,有心。无以为,无心之为。无为而无以为,是说无为不是为了达到某种目的,无为就是无为,一切顺其自然。
③攘(rǎng)臂而扔之:攘臂,伸出胳膊,卷起衣袖。扔,强行牵拽。
④前识者:有先见的人,先知。指制礼之人自谓有先见,定出礼来以为人事之仪则,反而使人离质尚文。

具有道家修养而有上等品德的国君,不实行仁、义、礼、智等品德,所以才保有了自然的品德。下德的国君不放弃人为的德的形式,所以丢掉了自然的德。上德的无为是无心的,下德的有为是有心的。上仁的有为是无心的,上义的有为是有心的,上礼的有为得不到响应,便挽起袖子把人家强拉过来。所以,失掉了道而后才有德,失掉了德而后才有仁,失掉了仁而后才有义,失掉了义而后才有礼。而礼这个东西,是忠信薄弱化的产物,是乱事的祸首。先见之明一事,是道的浮华,是愚昧的开始。所以大丈夫,处道德之淳厚,不居忠信之浇薄,处道德之朴实,不居先见之明的浮华。所以,舍弃后者,采取前者。

◎ 三十九章

题解

这一章是老子的宇宙论和政治论,着重讲"道"的普遍性。前半段说明"道"的运数"一"是构成一切天地万物不可或缺的要素,天、地、神、谷、万物、侯王,都是得到"一"才能存在,才能成其属性,失去"一",便都不能运行。后半段讲侯王要谦虚地对待人民,无论多么高贵,都要以贱为本,以下为基,自处贱下,做那虽贱下、却可支撑大厦的坚石。

昔之得一者①:天得一以清,地得一以宁,神得一以灵②,谷得一以盈,万物得一以生,侯王得一以为天下贞③。其致之。天无以清,将恐裂;地无以宁,将恐发④;神无以灵,将恐歇⑤;谷无以盈,将恐竭⑥;万物无以生,将恐灭;侯王无以贵高,将恐蹶⑦。故,贵以贱为本,高以下为基,是以侯王自谓孤、寡、不谷⑧,此非以贱为本耶?非乎?故,致数舆无舆⑨。不欲琭琭如玉⑩,珞珞如石⑪。

注释

①一:道的别名,即宇宙的本体。道之运数,是无率的一。
②神:老子相信有神的存在,但它是宇宙本体产生的灵物,而不是宇宙万物的创造者。
③贞:河上公本作"正",马王堆汉帛书乙本也作"正"。"贞",通"正"。王念孙说:"正,长也,君也。"
④发:震动、摇动。
⑤歇:止息、绝灭。
⑥竭:尽,水枯干。
⑦蹶(jué):颠仆、跌倒、挫折、失败。
⑧不谷:不善的意思。古代帝王自己谦称为"不谷"。
⑨致数(shuò)舆无舆:数,屡次、过多的意思。舆,同"誉"。追求过多的荣誉,结果是得不到荣誉。
⑩琭(lù):美玉。
⑪珞(luò):坚石。

古来得到"道"这个"一"的:天得到这个一,借以清明;地得到这个一，借以稳定；神得到这个一，借以灵验；河谷得到这个一，借以水满；万物得到这个一，借以滋生；侯王得到这个一，借以成为天下的首领。他们都自己得到所要得到的。天不能保持清明，恐怕要破裂；地不能保持稳定，恐怕要震动；神不能保持灵验，恐怕要绝灭；河谷不能保持水满，恐怕要枯竭；万物不能保持滋生，恐怕要灭种；侯王不能保持地位的高贵，恐怕要塌倒。所以，贵以贱为根本，高以下为基础。因此侯王自称为"孤"、"寡"、"不谷"。这不是以贱为根本吗？不是吗？所以，追求过多的荣誉，结果就没有荣誉。不想做什么高贵的美玉，只做最普通的坚石而已。

◎ 四十章

【题解】

这一章是老子的方法论与宇宙论。"反者道之动",讲出辩证法的基本原则,其义有二:一是"道"向着事物相反的方向作运动,向着相反的方面变化,道之动,乃反动。二是"道"循环往复地作运动,周而复始地变化,道之动,乃周期运动。要之为曲线运动。分段言之,为反动,所以控制主体意向;合而观之,为周期运动,所以促成新陈代谢。老子哲学,涵盖了这两种意义。"弱者道之用",是说"道"在弱状下发生作用,"道"创生万物只是辅助万物自生自长,万物并不感到有外力强加。老子标虚、柔、静、默、退、守之训,辅之以俭,本之以无为。故其用心弱,由此乃不伤于物,惟不伤于物,则无往而不入,虽其初至弱,其末必至强。如学习,其初以弱者自处,虚心接物,其末知识必强。"天下万物生于有,有生于无",这里的"有"、"无"与第一章同义,乃是"道"生成天地万物的活动过程。

【原文】

反者道之动①,弱者道之用②。天下万物生于有③,有生于无④。

【注释】

①反:相反和"返"的意思。去而复回为返,即循环。
②弱:老子认为道的作用是柔和的。四时的气候总是逐渐转变,才能生养万物;狂风暴雨是不能持久的偶然。
③有:指有形体的天地。
④无:指无形体的道。

【译文】

往复循环,是道这个宇宙本体的运动,柔弱是道的运用。天下万物生于有形体的天地,有形体的天地生于无形体的道。

◎ 四十一章

题解

这一章是老子的人生论。他根据"士"对"道"的认识水平高低,分其为上、中、下三品。能否悟"道",在其性不同,各人与"道"之关系,如二十三章所说:"同于道者,道亦乐得之;同于失者,失亦乐得之。"以下所引十二句成语,自"明道若昧"至"大象无形",是说明"道"的内质与外象常为相反,最后总为一句"道隐无名"。

原文

上士闻道①,勤而行之②;中士闻道,若存若亡③;下士闻道,大笑之,不笑不足以为道。故建言有之④:"明道若昧,进道若退,夷道若颣⑤,上德若谷,大白若辱⑥,广德若不足,建德若偷⑦,质真若渝⑧,大方无隅⑨,大器晚成,大音希声,大象无形。"道隐无名,夫唯道,善贷且成⑩。

注释

①士:本是周代最低级的贵族阶层,春秋战国时游离出来,成为有知识、有技艺的人的统称。老子把这种人按其对道的认识分为上、中、下三等。
②勤:勤快、积极。
③若存若亡:将信将疑,时记时忘。
④建言:立学说。
⑤颣(lèi):丝上的疙瘩。引申为毛病、缺点。转义为崎岖、不平坦。
⑥大白若辱:"辱",通"黷"(rǔ),黑垢。王弼注:"知其白,守其黑,大白然后乃得。"
⑦建德若偷:俞樾说:"建、健音同而义亦得通。建德若偷,言刚健之德,反若偷惰也。"
⑧渝(yú):改变,不能坚持下去。
⑨隅(yú):角落。
⑩贷:这里是帮助的意思。

译文

上等士人听到了道,就赶快照着实施;中等士人听到了道,将信将疑;下等士人听到了道,大加讥笑,他们不讥笑,就算不上道了。所以古人立言说得好:"光明的道好像黑暗,前进的道好像后退,平坦的道好像险阻,崇高的德好像卑下,大的洁白的好像污垢,广大的德好像狭小,坚强的德好像软弱,质朴充实的德好像空虚不能坚持,大的方正没有棱角,大的器物要晚些才能制成,大的声音总是言论很少,大的物象没有形体。"大道隐身没有名称,只有道,善于施予万物,而且善于成就万物。

◎ 四十二章

这一章是老子的宇宙论与人生论。"道"是绝对无偶的独立的本体,所以其运数为无率的"一"。"三"是三级运算,万物由此而生。各物分言有阴气、阳气,合言有中气,有对立有统一,总而为三,适成其物。物损益相因,前后转化,谦虚自贬有益,强梁自逞招损,老子以"强梁者不得其死"施教,意在鼓励自损。

道生一,一生二,二生三①,三生万物。万物负阴而抱阳②,冲气以为和③。人之所恶,唯孤、寡、不谷,而王公以为称。故,物,或损之而益,或益之而损。人之所教,我亦教之,"强梁者不得其死",吾将以为教父。

①道生一,一生二,二生三:王弼注:"万物万形,其归一也。何由致一?由于无也,由无乃一,一可谓无;已谓之一,岂得无言乎?有言有一,非二如何?有一有二,遂生乎三,从无之有,数尽乎斯,过此以往,非道之流。"
②负阴而抱阳:负,在背后;抱,在胸前。
③冲气以为和:冲气,虚气,肉眼看不见的气,是阳气、阴气以外的第三种气,即中气、和气。

译文

道生无形体的一;无形体的一既称为一,已成为有,虚一和实一便是二;有一有二,便构成了三;三产生千差万别的万物。万物虽异,但都是背后为阴气,胸前为阳气,阴、阳二气在看不见的虚气中得到交流谐和。人们所憎恶的,是"孤"、"寡"、"不谷",而侯王却以这些字眼自称。所以,一切事物,有时减损它,反而增益了它;有时增益它,反而减损了它。人们用来教人的话,我也用来教人,"强梁的人不得好死",我将用这句话作为教人的头一条。

◎ 四十三章

【题解】

这一章是老子的方法论与政治论。老子进一步深化三十六章"柔弱胜刚强"的原理,指出无形的力能穿透没有间隙的有形之物,继续表明贵柔的见解。并以此阐发无为政治的好处,其效果将无所不达。最后他遗憾天下很少能有此种认识。

【原文】

天下之至柔,驰骋天下之至坚①,无有入无间②。吾是以知无为之有益。不言之教,无为之益,天下希及之。

【注释】

①驰骋(chěng):纵马奔跑。
②无间:无空隙,言其不可入。"无有入无间",道却能入。

【译文】

天下最柔弱的东西,能在天下最坚硬的东西中穿行,这种无形的力量能进入没有空隙的有形之物。我因此认识到无为的好处。不言的教育,无为的利益,天下人很少能认识到这程度。

◎ 四十四章

题解

这一章是老子的人生论。第十三章以宠辱荣患与人的自身价值对比,教人自重自爱。此章以名、货与人的自身价值对比,提醒世人不可患得患失于名、货,以至于奋不顾身,轻贱了自身,忽视了社会价值之外的生命价值。贪夫殉财殉名,皆为外物所牵,非道家所为。"知止不殆",是教人适可而止,行事有分寸。

原文

名与身孰亲?身与货孰多①?得与亡孰病②?是故,甚爱必大费,多藏必厚亡③。知足不辱,知止不殆,可以长久。

注释

①身与货孰多:这里的"身",指生命。"多",不是"多少"的多,而是"重视"的重。
②得与亡孰病:亡,失的意思。病,害的意思。得失两者,欲得是害之源。
③甚爱必大费,多藏必厚亡:王弼注:"甚爱不与物通,多藏不与物散,求之者多,攻之者众,为物所病,故大费厚亡也。"

译文

名誉和身体,哪一样亲切?生命和钱财,哪一样重要?得其所欲和失其所欲,哪一样有害?因此,过分的爱一物,不与社会通有无,一定招致很大的破费;多藏钱财,不向社会分散,一定要有严重的损失。知道满足,就不会受屈辱,知道休止,就不会发生危险,可以长久平安。

◎ 四十五章

这一章是老子的人生论,着重讲哲人的修养。一个完美的人格,并不在外形上的表露,而在内敛的力量的蓄积。大成、大盈、大直、大巧、大辩,与四十一章的大方、大器、大音、大象规格相同,都是"大"格,而非小成、小巧、小器。"大"者要义在体"道",二十五章对"道"的指称,就是"强为之名曰大"。最后指出天下事有寒有热,惟"清静"者可以成为所以正天下的君长。

大成若缺,其用不弊①。大盈若冲②,其用不穷。大直若屈,大巧若拙,大辩若讷③。躁胜寒④,静胜热,清静为天下正。

①弊:破败。
②冲:空虚的意思。四章:"道冲,而用之或不盈。"四十二章:"冲气以为和。"
③讷(nè):语言迟钝,不善讲话。
④躁:动的意思。二十六章:"静为躁君。"

大的完成好像亏缺,但它的用处不会破败的。大的充实好像空虚,但它的用处不会穷尽的。大的正直好像枉屈,大的灵巧好像笨拙,大的辩才好像口才不好。在生活方面,活动可以战胜寒冷,静止可以战胜炎热。在政治方面,清而无欲,静而无为,可以做天下的君长。

◎四十六章

这一章是老子的军事论,主张弭兵。他用有没有战争,来区别政治上的"有道"与"无道","天下无道,戎马生于郊",说尽了战争的惨烈与不义。他又分析战争的起端,在于统治者的贪得无厌,他们的思想没有认识到"知足之足"。此章与三十章、三十一章,都是老子坚持反战的言论。

天下有道,却走马以粪①;天下无道,戎马生于郊②。祸莫大于不知足,咎莫大于欲得③。故,知足之足,常足矣。

①却走马以粪:却,退下来。走马,善跑的马,指战马。粪,送田粪。
②戎马生于郊:据《韩非子·解老》:由于连年战争,征用马匹太多,公马不够用,连怀胎的母马也被征用,以致母马在战场上产驹。
③咎(jiù):过失。

国家政治好,没有战争,卸下战车的马来送田粪;国家政治不好,战争不断,战马可怜产驹在荒郊。战争所以频繁,是由于统治者的贪心太大,所以祸害没有比不知满足更大的了,过失没有比贪心欲得再大的了。所以,知道满足的满足,就永远满足了。

◎ 四十七章

这一章是老子的认识论,言为道之效。人生有不同的年龄段,积累丰富的生活经验和知识以后,就该运用本明的智慧对周围环境进行高一级的理性认识,不是什么事都必须经过本人的亲历方能认识,那是不可能的。见闻谓之识,其知浅;思虑谓之智,其知深;超乎见闻、思虑谓之明,其知灵且大而高远。见闻与思虑,是耳目心府的物质器官的活动,超乎此乃进入精神活动。老子认为心灵深处是透明的,有如一面镜子,拂去上面如灰尘般的情欲,作内观返照,自能以本明的智慧与心镜,去览照外物,了解外物的运行之理。相反,心智活动如果不内返而向外驰求,将会使思虑纷杂散乱,所以说"其出弥远,其知弥少"。

不出户,知天下。不窥牖,见天道①。其出弥远,其知弥少。是以圣人,不行而知,不见而名②,不为而成。

①不窥(kuī)牖(yǒu),见天道:窥,透过缝隙看。牖,窗户。句意是,只要得道,不向窗外看,也能认识天道。二十五章:"人法地,地法天,天法道。"天、地、人与道有一致性。
②名:《韩非子·解老》引作"明"。"名"与"明"通用。

有道之士不出门,就能知道天下事理。不看窗外,就能认识天道。有些人,他走得越远,知道的东西就越少。所以圣人,不亲自走出去,就能了解情况,不用亲自观察,就能明了事态,不用亲自去做,就能成功。

◎ 四十八章

题解

这一章是老子的认识论和政治论。老子认为学术活动,"为学"是求外在的经验知识,其趋向为加法,学之愈久,积累愈多。"为道"是内索返观道理,其趋向为减法,修之愈久,情欲愈少,减之又减,最后至于无欲,那就是"无为"。无情欲则不为某物所蔽,则能明见万物,所以说"无为而无不为"。政治上,同样的道理,不以私意兴做某事,则万事得自成,而后才使国家进入整体运动。

原文

为学日益①,为道日损,损之又损,以至于无为。无为而无不为。取天下常以无事②,及其有事,不足以取天下。

注释

①为学日益:益,增进。为学者多闻多见,日益增加积累。道家反对积累,主张"绝学"。
②取:治理。二十九章:"将欲取天下而为之。"

译文

从事于学问,知识一天天增多,从事于修道,负担一天天减少,减少再减少,达到"无为"。无为就没有不为。治理天下,经常以无事处之,如果以有事处之,那就谈不到治理天下了。

◎ 四十九章

这一章是老子的政治论,其旨有三。其一,圣人与天地合德,吉凶与民同患,所以说"圣人无常心,以百姓心为心"。这是大公而无私心,如此等同百姓而治百姓,则成百姓自治之局,凡制度与进退人物,皆征之于国人。其二,百姓生有不齐,品质殊异,才器各别。为政隐恶扬善,流风广被,平民潜移默化于不觉,则下品凶顽刁诈之风可止,得二十七章圣人"无弃人"、"无弃物"的人道主义之旨,所以说"不善者吾亦善之","不信者吾亦信之"。其三,圣人为政,无非导人回复赤子之心。

圣人无常心①,以百姓心为心。善者吾善之,不善者吾亦善之,德善;信者吾信之,不信者吾亦信之,德信。圣人在天下,歙歙为天下浑其心②,百姓皆注其耳目,圣人皆孩之③。

①常:固定不变。
②歙歙(xī):这里是和顺、谐和的意思。
③孩:作动词用,使他们像小孩那样。

道家的圣人没有固定不变的意志,以百姓的意志作为他的意志。百姓意志善的,我就认为他善,不善的,我也当他是善,这就是君德的善;百姓的意志,可信的,我信任他,不可信的,我也信任他,这就是君德的信。圣人在天下,顺利地使天下人的心思归于浑朴,百姓虽然都使用聪明,圣人却务使他们像无知无欲的婴儿,保持原有的善良与诚实。

◎五十章

【题解】

这一章是老子的人生论。他认为人生的生路概率占十分之三,死路概率也占十分之三,这都是自然因素所致,无可如何。还有十分之三,由于嗜欲过度,反自己糟蹋了生命,这却是人为因素所致。只有十分之一的极少数人善于护养自己的生命,他离开人为争夺的死地,所以能保真全生。

【原文】

出生入死①,生之徒十有三②,死之徒十有三,人之生,动之死地亦十有三③。夫何故?以其生生之厚。盖闻善摄生者④,陆行不遇兕虎⑤,入军不被甲兵。兕无所投其角,虎无所措其爪,兵无所容其刃。夫何故?以其无死地。

【注释】

①出生入死:出生到死,即一生。《韩非子·解老》:"人始于生而卒于死,始之谓出,卒之谓入,故曰出生入死。"
②徒:王弼注:"取生之道",即生的道路。马叙伦说:"徒即途之本字。"
③动:静的对词。行动、动作、干事。
④盖(gài)闻善摄生者:盖,发语词,属虚词。摄,取的意思。
⑤兕(sì):古代犀牛一类的兽名,独角。

【译文】

从出生到死,可选择的生路占十分之三,死路也占十分之三,而人一生,行动失误造成的死亡之地又占十分之三。这是为什么?因为他奉养太丰厚了。听说善于摄取生机的人,陆地走路不与兕牛、猛虎相遇,战争中不遭到杀伤。兕牛的角无处投,猛虎的爪无处下,兵器的刃无处砍。这是什么缘故?因为他根本未进入死域。

◎五十一章

【题解】

这一章是老子的宇宙论。"道生之,德畜之",是讲万物产生的依据,"道"生万物,由"德"来培养。有了这两个前提,而后"物形之,势成之",万物各具其体,各得其价值。所以说"万物莫不尊道而贵德"。但是"道生"、"德畜",以及长、育、成、熟、养、覆诸泽,皆"自然"之化,所以道德之尊贵,"莫之命而常自然"。引之入人事,生养了万物,无私而不占有万物,无为而不管理万物。这一章重点在"德",它是"道"的化身,是"道"在人间的具体作用,"玄德"即"上德",可视为三十八章的续说。

【原文】

道生之,德畜之①,物形之②,势成之③,是以万物莫不尊道而贵德。道之尊,德之贵,夫莫之命而常自然④。故,道生之,德畜之,长之育之,亭之毒之⑤,养之覆之⑥。生而不有,为而不恃,长而不宰,是谓玄德。

【注释】

①德畜之:德,道的性能。畜,养育、繁殖。
②物形之:万物各以"物"赋形,《庄子·知北游》:"精神生于道,形本生于精,而万物以形相生,故九窍者胎生,八窍者卵生。"
③势:生殖器。
④莫之命而常自然:命,册封的意思。唐明皇说:"言道德之尊贵非假爵命,但生成之功被物,而常自然贵耳。"
⑤亭之毒之:河上公本作"成之熟之"。亭毒,化育、养成。亭,结果实;亭之,使结果实。毒,成熟;毒之,使成熟。
⑥覆:覆盖,保护,维护。

【译文】

道(宇宙本体)使万物得以产生,德是道的性能,使万物得到养育、繁殖,体质使万物各得到其形状,生殖器使万物的孕生得到完成,所以万物没有不尊崇道而贵重德的。道的被尊崇,德的被贵重,并不是谁册封的,它从来自然如此。所以,道使万物得以产生,德使万物得到养育、繁殖,使万物成长、发育,使万物结果、成熟,对万物爱养、保护。生养了万物而不据为己有,为万物尽了力而不恃其能,这就是最深的"德"。

◎ 五十二章

题解

这一章是老子的认识论,着重讲"知"、"见"、"用"与"守"的关系。老子提出"母"与"子"两个概念,说明掌握抽象的定律"母",是为了认识具体事物"子";认识具体事物"子",不能脱离普遍定律的"母"。处理好此关系,一生才能避免出差错的危险。坚持此关系,塞住嗜欲的渠道门径,终身安逸不劳形;如果打开其他的渠道门径,用另外的认识路线去办事,一生不可救药。"见小"要"守柔","用其光"要"归其明",意思也是处理好外察与内返本明的关系。

原文

天下有始,以为天下母①。既得其母,以知其子②。既知其子,复守其母,没身不殆。塞其兑③,闭其门,终身不勤④。开其兑,济其事,终身不救。见小曰明,守柔曰强。用其光,复归其明,无遗身殃,是为习常。

注释

① 母:指道,宇宙的本体。道生天地万物,包括人类,所以是天地万物之母。
② 子:指天下万物。
③ 兑(duì):《易·说卦》:"兑为口。"这里指知识的孔窍。
④ 终身不勤:勤,劳苦。无事永逸,所以终身不勤。

译文

天下万物都有其所以来的起点,即道,这起点就成了天下万物的母亲。既然已认得他的母亲,就可借以了解她的儿子。既然已了解她的儿子,再反回守住他的母亲,这就至死没有危险。塞住耳目口鼻的知识穴窍,关闭喜怒哀乐的欲门,一生便安逸不勤苦。打开知识的穴窍,开欲门去实现追求,一生不可救药。能察见人所看不见的细微,就是"明",能坚守人所不能的柔弱,就是"强"。使用了"明"的功用这个智慧之"光",还要返照回到"光"的附体"明",不给自身带来灾殃,这就讲习了常道。

◎ 五十三章

这一章是老子的政治论,痛斥当权的统治者是强盗头子。周制封建世禄,春秋时诸侯各自为政,其公卿,居则执政,出则帅师;其平民,居则耕稼,出则从戎;文武兵农,无多大区别。春秋晚期,社会经济发展,别有一游惰阶层出现,是世禄制的残馀,流衍为后来战国之游士。此阶层占据权位,是国家之蠹。田畴荒芜,仓储空索,因之以饥馑,民不聊生。而此阶层执政之人,"服文彩,带利剑,厌饮食,财货有馀",则非盗窃而何由致此?老子认为这是不合乎"道"的社会现象。但普通平民多对此羡慕,所以说"大道甚夷,而民好径"。

【原文】

使我介然有知①,行于大道,唯施是畏②。大道甚夷③,而民好径④。朝甚除⑤,田甚芜⑥,仓甚虚;服文彩,带利剑,厌饮食⑦,财货有馀。是谓盗竽⑧,非道也哉!

①介(jiè)然:成玄英疏:"介然,微小也。"
②施(yí):同"迤"(yí),斜行的意思。
③夷(yí):平坦。
④径(jìng):小路。
⑤除:扫除。这里是打扫得干干净净的意思。
⑥芜(wú):长满乱草。
⑦厌(yàn):满足,足够。
⑧盗竽(yú):竽是古代乐队中的主导乐器。竽奏,乐章开始;竽停,乐章结束。盗竽,意思是强盗的头子。

假使我稍微地有些认识,行进在大道上,最害怕的就是走入了邪路。大道是很平坦的,但是人们总喜欢捷径。宫廷清除得整洁亮堂,而田地经营得很荒凉,仓廪储存得很空虚;那些执政者却穿戴彩绣的衣冠,佩戴着锋利的宝剑,享受着丰盛的酒宴,资财宝货绰绰有馀。这就叫做强盗头子,是违背道的呀!

◎ 五十四章

题解

这一章是老子的政治论,中心论点是在社会各层面抱道建德。第一义,建立事业和保持事业,都在于抱道建德。第二义,事业无论大小,修身、治家、治乡、治国、治天下,都在于抱道建德。第三义,抱道建德,就要去私立公,立身则代表一身的利益,治家则代表一家人的利益,治乡则代表一乡人的利益,治国则代表一国人民的利益,治天下则代表天下全体人民的利益。老子此章与儒家《大学》修身、齐家、治国、平天下,事同理不同。儒家修、齐、治、平是有目的作为,老子之修道建德于家国,乃是充实自我后的自然流泽。老子之意,君子立德行道,必先修于其身,验明真伪。修就是治,治而广之,就是教。凡治一物一区,皆不以我观物,而乃以物观物,所以庄子说:"道之真,以治身,其馀绪,以为国。"而且老子在"家"、"国"之间,插入一"乡",比儒家多出一层,更见其地域化的公益观念。《管子·牧民》:"以家为乡,乡不可为也。以乡为邦,邦不可为也。以邦为大下,天下不可为也。以家为家,以乡为乡,以邦为邦,以天下为天下。如地如天,何私何亲。如日如月,唯君之节。"与老子旨意同。但老子此章深者,在"道身"与"人身"。"人身"乃社会化的外在价值观,有分外之欲。"道身"乃体道的本明之我,是内有的价值观。"以身观身",确义是修身要站在"道身"的立场。

善建者不拔,善抱者不脱,子孙以祭祀不辍①。修之于身,其德乃真②;修之于家③,其德乃馀;修之于乡,其德乃长;修之于国④,其德乃丰;修之于天下,其德乃普。故,以身观身,以家观家,以乡观乡,以国观国,以天下观天下。吾何以知天下然哉?以此。

注释

①辍(chuò):中止、停止。
②德:是道的功用,讲它给人们带来的好处。
③家:先秦各诸侯国内分封的大夫的采邑叫"家",是地域概念。不是平民一家一户的家庭,那是亲族概念。
④国:诸侯之邦。与天子的"天下"不同。

善于建立的拔不动,善于抱持的脱不掉,子孙世世代代祭祀断绝不了。把这个成功之"道",贯彻到个人修身自治,他的"德"可以纯真;

修道于家,他的"德"可以有馀;修道于乡,他的"德"可以加长;修道于国,他的"德"可以丰厚;修道于天下,他的"德"可以普遍化。所以,从我个人的利益看到其他人的个人利益,从我一家的利益看到其他各家的利益,从我的乡看其他的乡,从我的国看其他的国,从我的天下看其他的天下。我靠什么了解天下的情况呢?就是用以上的方法。

◎五十五章

【题解】

这一章是老子的人生论,讲"德"在人身上的体现。前一半运用形象的比喻,后一半阐发抽象的道理。把"德"含蕴在自己的身心之中,合为一体,结合得十分深厚,老子把这种人比喻为天真的赤子。赤子,无往而不见爱,毒虫、猛兽、攫鸟不加伤害,是说无遭伤害之理,世上岂有委赤子于虫兽鸟而使受伤害?此五十章所谓"无死地"。赤子含柔弱不争之美德,人无伤物之心,物亦无伤人之意。婴儿含德之厚,还在于精气未散。后半段将婴儿的柔弱不争与精气未散两点的依据,归结为平和之气。和就是和谐,是统一未分之元。老子哲学逻辑周期,不是矛盾——统一——矛盾,而是统一——矛盾——统一,他着眼于统一。气者,周于此身,是欲之基,而心是欲之制。修道含德之人,莫不调心而制欲,所以养其气而卫其身。心地失去和谐,任意使气,纵欲无度,叫做使强。使强就是"物壮",不合于道,速亡难免。

【原文】

含德之厚,比于赤子①。毒虫不螫②,猛兽不据③,攫鸟不搏④。骨弱筋柔而握固。未知牝牡之合而朘作⑤,精之至也。终日号而不嗄⑥,和之至也。知和曰常,知常曰明,益生曰祥⑦,心使气曰强。物壮则老,谓之不道,不道早已。

【注释】

①赤子:初生的婴儿。婴儿刚生下来是赤色,所以叫"赤子"。无知无欲,纯洁善良。
②毒虫不螫(zhē):毒虫,蜂、蝎、毒蛇之类。螫,刺。
③猛兽不据:猛兽,虎、兕之类。据,兽类用爪抓物为据。
④攫(jué)鸟不搏(bó):鸟类用爪抓取猎物为攫。攫鸟,凶猛的鸟,鹰、雕之类。搏,捕捉。
⑤未知牝牡(pìn mǔ)之合而朘(zuī)作:牝牡之合,男女性交。牝,雌性的鸟兽。牡,雄性的鸟兽。朘作,婴儿的小生殖器勃起。"朘"同"脧",男婴儿的小生殖器。
⑥终日号而不嗄(shà):号,哭,有泪无声叫泣,有声无泪叫号。嗄,嗓音嘶哑,啼极无声为嗄。
⑦益生曰祥:王弼注:"生不可益,益之则夭。"益生,即五十章"生生",不合于道,《庄子·德充符》:"常因自然而不益生也。"祥,吉凶的预兆。这里指恶事、灾殃。

【译文】

含蓄浑厚德性的人,比得上初生的婴儿。初生的婴儿无知无欲,不犯众物，所以毒虫不来螫他，猛兽不来扑他，凶鸟不来抓他。他还不知道男女的交合，而小生殖器常常勃起，这是最高的精气充沛。他一天到晚哭不停，而不显得力竭声嘶，这是最高的和气谐和。知道身体内的谐和，就叫做正常，知道正常，就叫做明智，贪求生活享受而不顾体内谐和，就叫做灾殃，欲望支配精气，就叫做逞强。事物太强壮，就会走向衰老，这就叫做不合乎道，不合乎道就要提早灭亡。

◎ 五十六章

【题解】

这一章是老子的人生论。上章讲"德"在本身,与本我"和",此章讲"德"之外化,与外物"和"。天下之是非争论多不胜数,是者终是,非者终非,大是大非,自有不可掩者。不闻不问,或问之闻之而不言,所谓镇之以无名之朴。久之则浊者徐清,公道自见,终以不言为智。所以"不言",深一层意思是不乱发号令。锐、纷、光、尘,是就对立说,挫锐、解纷、和光、同尘,是就统一说。和光同尘,非同流合污之谓,而是破除各个人狭隘的片面之见,化除一切封闭隔阂,以超越世俗的无所偏的道心去同万物相处,这就是"玄同"。

【原文】

知者不言①,言者不知。塞其兑,闭其门②,挫其锐,解其纷,和其光,同其尘③,是谓玄同。故,不可得而亲,不可得而疏;不可得而利,不可得而害;不可得而贵,不可得而贱。故为天下贵。

【注释】

①知者不言:王弼注:"因自然也。"二章:"行不言之教。"句意是,懂得大道原理的人,不随便发表言论。

②塞其兑,闭其门:此两句已见于五十二章。

③挫其锐,解其纷,和其光,同其尘:此四句已见于四章。

【译文】

懂得的不乱说,乱说的不懂得。塞住耳目口鼻的知识穴窍,关闭喜怒哀乐的欲门,自敛锋芒,解脱世间的纠纷,使自己和入世间的光辉,也使自己混同世间的浊尘,这就叫做深远无形的与道同。所以,无法对他亲近,也无法对他疏远;无法使他得利,也无法使他受害;无法使他尊贵,也无法使他下贱。所以为天下所尊贵。

◎ 五十七章

这一章是老子的政治论,为其经典性表述。第一,他先讲了以正道治国,以奇术用兵的道理,说明正奇相生,但所施对象不同,绝不可把奇术用于治国。正道就是政治,就是正派的政治,治理要旨在使其国上政治轨道。各国国情不一,所以治理包含众国的天下,要以"无为"为治。儒家着重天下大一统,自下统于上;老子统一之意则不达此天下层面,只限于邦国一层,着重于各国自治,乃自上同于下。第二,老子通过"天下多忌讳,而民弥贫"等四项事实,论证了国家权力强行干预社会的恶果。为政者常以为是社会中的特殊角色,依一己的私意擅自厘定出种种标准,肆意作为,强行要社会实行。从老子的列举,可以体会到老子所处的时代,战争及权力横暴的程度。第三,老子说明了国民的化、正、富、朴,在于为政者所以施治的无为、好静、无事、无欲,这是对其"无为而治"的政治的完备表述。

以正治国,以奇用兵①,以无事取天下②。吾何以知其然哉?以此:天下多忌讳③,而民弥贫④;民多利器,国家滋昏⑤;人多伎巧⑥,奇物滋起⑦;法令滋彰⑧,盗贼多有。故圣人云:"我无为而民自化,我好静而民自正,我无事而民自富,我无欲而民自朴。"

①奇:不常规,出人意料的。
②取:治理的意思。
③忌讳:不许说、不许做的规定,即禁令。指统治者对人民正常经济生活的干扰。
④弥(mí):越。
⑤滋(zī):增益、加多。
⑥伎(jì):通"技",技巧、才能、手艺。
⑦奇物:奇怪的物品,即新发明创造的产品。老子认为这是乱源,加以反对。
⑧彰:明显、显著。

译文

以正道治理邦国,以奇术用兵作战,以无为治理全天下。我从哪里知道是这样的呢?从这里:天下的禁令越多,人民就越是贫穷;人民的锐利武器越多,国家就越陷于混乱;人们的技术巧艺越多,奇怪的物品越蔓生不穷;法令制定得越详明,盗贼反倒越多。所以圣人说:"我无为,人民自然顺化;我好静,人民自然端正;我无事,人民自然富足;我无欲,人民自然淳朴。"

◎五十八章

【题解】

这一章是老子的政治论与方法论。第一段讲治理,说明执政者有忧民之心,尊重社会自发的发展,施行总大纲的宽松政治,人民向化淳厚,社会自然趋于安宁。若然任己意,施政繁苛琐碎,则人民不胜其扰,以狡黠之思躲避扰攘和对付扰攘,民风诡谲,社会难得安宁。这是教人施政不可只盯住政令意义,还要警惕施政行为本身的影响。第二段讲辩证法,说明事物内部包含着否定本身的因素,表相的灾祸,幸福倚傍在它里侧,表相的幸福,里面藏伏着灾祸的因素。今日之福成他日之祸;父祖之祸,遗为子孙之福。其他正奇、善妖的转化,亦复如此。第三,圣人为政,有其分寸,以不害其方、廉、直、光为度。

【原文】

其政闷闷①,其民淳淳②。其政察察③,其民缺缺④。祸兮,福之所倚;福兮,祸之所伏。孰知其极?其无正⑤。正复为奇,善复为妖,人之迷,其日固久!是以圣人,方而不割⑥,廉而不刿⑦,直而不肆,光而不耀⑧。

【注释】

①闷闷:昏昏昧昧的状态,含有宽闳厚道的意思。
②淳淳:忠厚、纯朴。
③察察:看事清明,含有严密、苛酷的意思。
④缺缺:狡黠,不满意、抱怨。
⑤正:正主。
⑥割:生硬、不自然。
⑦廉而不刿(guì):廉,棱边。刿,划伤。句意是,有棱边,但是分寸把握在不划伤人。
⑧耀(yào):过分明亮,光线强烈地照射。五十二章:"用其光,复归其明。"

【译文】

政治宽闳,人民就忠厚淳朴。政治过于清明严苛,人民就狡黠不满。灾祸啊,幸福紧靠在它旁边;幸福啊,灾祸埋伏在里面。谁知道它最后的道理?实在没有正主。正常随时可以变为奇特,善良随时可以变为妖孽,人们的迷惑,由来已经很久了!因此圣人,方正而不显得生硬勉强,有棱边而不至于把人划伤,正直而不至于无所顾忌,发光而没有刺眼的光芒。

◎ 五十九章

题解

这一章是老子的政治论,提出"啬"的政理。统治者因奢侈而争夺,因争夺而祸社会,是社会动乱一因。老子提倡"啬",即物质生活之俭约,精神生活之俭约,因为俭约近于无为,所以是及早服从道的行径。这种办法,于国是内培国力、厚养根基的长久之道。此章表明道家与后起的墨家也有相合处。

原文

治人、事天①,莫若啬②。夫唯啬,是谓早服③。早服谓之重积德,重积德则无不克,无不克则莫知其极,莫知其极,可以有国,有国之母,可以长久。是谓,深根固柢④,长生久视之道⑤。

①事:侍奉、伺候。
②啬(sè):不是贬义的"吝啬"。是褒义,意思是"俭省"。《韩非子·解老》:"少费谓之啬。"这是老子思想的基调,旨在爱惜精神,利人而不害人。
③早服:尽早服从自然道理。《韩非子·解老》:"夫能啬也,是从于道而服于理者也。"俭省则近于无为,无为则合于自然。
④深根固柢(dǐ):向四面发展叫根,向下扎叫柢。
⑤久视:视,活的意思。久视,耳目不衰,人不老。

治理人民,尊奉天道,没有比俭啬再好的。只有俭啬,才是尽早地服从自然道理。能早服从道理,这叫做着重积累美德;着重积累美德,则无往而不胜利;无往而不胜利,则没有人能估计他的力量的顶点;没有人能估计他的力量的顶点,则可以保有国家;保有国家用此大道,则可以长久。这叫做,根深本固,长生久活的道路。

◎ 六十章

【题解】

这一章是老子的政治论。"治大国若烹小鲜",是为政的一句名言。它喻示为政之要点,在安静无扰,国愈大,政令愈不宜轻动,因为实际情况比政令设计的要复杂。以"无为"之道临治天下,才可代表全天下利益,一切外在的力量都不至发生为害的作用,"鬼"也起不了有害的作用。如果多所兴作,就会给一些坏势力以可乘之机,给社会造成危害。

【原文】

治大国若烹小鲜①。以道莅天下②,其鬼不神③。非其鬼不神,其神不伤人。非其神不伤人,圣人亦不伤人。夫两不相伤,故德交归焉。

【注释】

①治大国若烹小鲜:河上公注:"鲜,鱼。烹小鱼,不去肠,不去鳞,不敢挠,恐其糜也。"句意是,治大国不可有为,如同煎小鱼不可翻动。
②莅(lì):临。统治的意思。
③神:灵,动词。起作用的意思。

【译文】

治理大国如同烹小鱼,不宜屡次翻动,应顺其自然。用这个道理统治天下,天下的鬼就不灵了。并不是鬼不灵,即便灵,也伤害不了人。不是鬼的神灵不伤人,而是圣人以道临天下,根本不伤人。人不伤鬼,鬼不伤人,他们就都归德于"圣人"。

◎ 六十一章

这一章是老子的政治论,主旨在使国与国之间相安。春秋之世,弑君三十六,亡国五十二,必有老子所见所闻或所闻于传闻者。老子认为人类能否和平相处,主要因为大国的态度,所以首句"大国者下流",尾句"大者宜为下",借以强调大国应谦下包容,不可自恃强大而凌欺弱小。土地广,人民众,实力强,以此下人,实无所而下,不过以此存小邦之望,使为不侵不衅之邻,彼此相安。若小者为下,则其名与实本皆居下,而更下之,则不足以自存了。

大国者下流①,天下之交②,天下之牝③。牝常以静胜牡④,以静为下。故大国以下小国,则取小国。小国以下大国,则取大国。故,或下以取,或下而取⑤。大国不过欲兼畜人⑥,小国不过欲入事人。夫两者各得其所欲,大者宜为下。

①下流:居下游的意思。六十六章:"江海所以能为百谷王者,以其善下之,故能为百谷王。"
②天下之交:交、汇。句意是,天下百川所汇。
③牝(pìn):雌性的鸟兽。
④牝常以静胜牡(mǔ):牡,雄性的鸟兽。雌者性静,雄者性动。二十六章:"静为躁君。"
⑤或下以取,或下而取:两者意义不同。前者,主事之辞;后者,受事之辞。
⑥兼畜:兼并。

做大国的就像居于下游,为天下所归附,而自居于雌性的地位。雌性经常以其安静战胜雄性,原因在于它安静而居下。所以大国对小国表示谦下,就可以取得小国的信赖;小国对大国表示谦下,才可以取得大国的信任。所以,有时大国靠谦下取得小国的信赖,有时小国借谦下才取得大国的信任。大国不过想兼并领导小国,小国不过想进身奉承大国。两方面都想得其所欲,都必须表示谦下,大国应该特别注意谦下。

◎ 六十二章

【题解】

这一章是老子的政治论,主旨讲世人在"道"面前一律平等。嘉美的言辞可以博人尊敬,美好的行动可以抬高一个人的身价,但是美言和美行不是就应该包括挽救和帮助犯了错误的人这个内容吗?那么人有了不善的行为,怎能就把他抛弃了呢?国家立天子、置三公,进奉拱璧、驷马虽是重礼,不如进献此"道"。"有罪以免",正是"不善人之所保"的解释。此章是对二十七章圣人"无弃人"、"无弃物"学说的新阐发。

【原文】

道者,万物之奥①,善人之宝,不善人之所保②。美言可以市尊③,美行可以加人,人之不善,何弃之有?故,立天子,置三公④,虽有拱璧⑤,以先驷马⑥,不如坐进此道。古之所以贵此道者何?不曰,以求得,有罪以免邪?故为天下贵。

【注释】

①奥(ào):深,不容易看见的地方。河上公注:"奥,藏也。道为万物之藏,无所不容也。"
②不善人之所保:指不善人为道所保障,取其庇荫之义。
③市:做买卖,收买。
④三公:古代天子以下,朝廷三个最高职官,周朝是太师、太傅、太保。
⑤拱璧:璧是平圆形中间有孔的玉。拱璧是两手拱抱的大璧,极珍贵。
⑥驷(sì)马:古代套四匹马的车。

【译文】

道这个东西,是万物最深的区域,它是善人的法宝,也是不善人所受的保护。美好的言论可以换来尊贵的官爵,美好的德行可以见重于人,那么人的不善可以说服感化,有什么理由可以抛弃?所以,建立天子,设置三公,虽有拱璧在先、驷马在后的隆重礼仪,不如坐下来讲"道"给他作为献礼。古来为什么看重这个道?那不是说,有求可以获得,有罪可以免去吗?因此为天下人所珍视。

◎ 六十三章

这一章是老子的方法论,提出防患于未然的主张。"为无为,事无事,味无味",意思是此三项工作,都必须从"0"出发,而后万物万事的运动始可度量。事物本身会向前发展,由小到大。所以圣人做事,必从未然做起,图难于其易,为大于其细,不求一朝竣其难其大,而最终能善其功。

为无为①,事无事,味无味。大小多少②,报怨以德。图难于其易,为大于其细。天下难事,必作于易③,天下大事,必作于细。是以圣人终不为大,故能成其大。夫轻诺必寡信④,多易必多难。是以圣人犹难之,故终无难矣。

①为无为:前"为",动词。为无为,为无为之为。
②大小多少:小、少,作动词用。
③作:《说文解字·人部》:"作,起也。"开始。
④诺(nuò):应允别人的要求。

有道者,为无为之为,从事于无事之事,玩味无味之味。大的化小,多的化少,别人仇恨我,我以德回报。谋划难事的时候,要在它还容易的时候着手,要干大事的时候,要在它还细小的时候着手。天下的难事,一定开始于简易,天下的大事,一定开始于细小。因此圣人始终不做大事,所以才能完成大事。轻易答应别人的要求,一定很少有信用,把事情看得太容易,一定困难很多。因此,聪明的圣人还要重视困难,所以他就一直没有困难了。

◎ 六十四章

题解

这一章是老子的方法论,是上章的续说。第一,他举出事物本身在"安"、"未兆"、"脆"、"微"的阶段,容易应付处理。第二,应付处理,必须在事发之前,"为之于未有,治之于未乱"。此项工作,不可指望一蹴而就,必须假以时日,从基层做起,由近及远。而最后阶段,必须有毅力和耐心,稍有松懈,往往功亏一篑。这就是说,不但要谨小慎微,更要慎终如始。第三,圣人不以常人所欲为欲,不学常人所学的仁、义、礼、智,他不过是替"道"辅物自长而已。

原文

其安易持①,其未兆易谋,其脆易泮②,其微易散。为之于未有,治之于未乱。合抱之木,生于毫末③;九层之台,起于累土;千里之行,始于足下。为者败之,执者失之。是以,圣人,无为,故无败;无执,故无失。民之从事,常于几成而败之。慎终如始,则无败事。是以圣人,欲不欲,不贵难得之货;学不学,复众人之所过④。以辅万物之自然而不敢为。

注释

①持:保持、维持。
②泮(pàn):散,解。
③毫:长而尖锐的毛。
④复:挽回。

译文

事物还安定时,它的稳定容易维持;事物还没有变化的苗头时,容易谋划它;事物还脆弱时,容易分解;事物还微小时,容易打散。要做在未发生之前,要整治在未乱之时。合抱粗的大树,产生于毛尖小的幼芽;九层高的高台,从一堆土堆积起;千里远的行程,开始于脚下的第一步。谁有为,谁就失败,谁把持,谁就受损。因此,圣人,无为,所以无失败;不把持,所以不受损。普通人办起事来,常常在接近成功的时候而失败。能够慎重对待最后阶段,像开始时一样,那就没有失败的事了。因此圣人,所欲望的,就是不欲望,不抬高稀有的商品;所学习的,就是不学习,挽回众人的过失。这不过是借以辅助万物本身的自然发展,而不敢有所为。

◎ 六十五章

题解

这一章是老子的政治论，主旨在强调为政在于真朴。此章自古为人所厚非，指为愚民之说。文中"愚"字是真朴之义，非蠢昧之谓。老子认为人本来是淳朴质实的，后来由于统治者背离了"道"的原则，肆行权欲，放纵物欲，以致这些"可欲"的事物诱发了普通人好智术、争功利的冲动。老子认为"善为道"的统治者，不是要将已有的智术教给人民，而是要把这种被扭曲的人性再扭转回来，使其脱离心神迷乱之状，回归淳朴质实。"不以智治国"，就是遵循法律与制度，不以一己之私见加于公众之意志。

原文

古之善为道者，非以明民，将以愚之①。民之难治，以其智多。故以智治国，国之贼；不以智治国，国之福。知此两者亦稽式②。常知稽式，是谓玄德。玄德深矣，远矣，与物反矣。然后乃至大顺③。

①愚：使之返璞归真的意思。
②稽(jī)式：公式。
③大顺：与道的要求完全不违背，是最大的通顺，即大治。

译文

古来善于贯彻"道"的人，不是用"道"来教人民聪明，而是用"道"来教人民愚朴。人民的难以治理，正因为他们心机多。所以用智术治国，是国家一大害；不用智术治国，是国家的福气。要知道这两条也是国家兴衰的公式。永记住这公式，这就叫做玄德。这玄德深了，远了，与众物的用智相反了，然后才能达到天下大治。

◎ 六十六章

【题解】

这一章也是老子的政治论,遭人非议。老子比圣人如江海,甘居下而为百川归宿,度量广大,澄之不清,扰之不浊,自有其雄阔磅礴之定力。其在上,不以上自处,把自己的意见摆在人民之下,把自己的利益摆在人民之后,人民不觉重负而乐于推戴,也无与争者,所以他能做定领袖。"以言下之"、"以身后之",不是一种有图谋的手段,而是如江海居下之自然。

【原文】

江海所以能为百谷王者,以其善下之,故能为百谷王。是以,欲上民,必以言下之①;欲先民②,必以身后之。是以圣人,处上而民不重,处前而民不害。是以天下乐推而不厌。以其不争,故天下莫能与之争。

【注释】

①以言下之:言语谦虚,尊重人民。
②先民:走在人民前头,做领头人。

【译文】

江海所以能够成为百川归往的王,是因为它们善于处在百川的下游,所以能成为百川的王。因此,统治者想要居于人民之上,一定要把自己的意见摆在人民下面;要想置身于人民之先做领导,一定要把自己的利益摆在人民的后面。因此圣人,居于人民之上,而人民不感到负担重,居于人民之前,而人民并不感到有妨碍。因此天下人乐意推崇他,而没有不喜欢的。因为他不和人争,所以天下没有人能够和他争。

◎ 六十七章

题解

这一章是老子的政治论。老子之"道"至大，此"大"用于人间，成形为三种宝贝：一是慈爱之德，二是俭约之德，三是不敢为天下先的谦让之德。三宝之中，慈为德元，此天地间之正道，履此正道，人将爱之，物且与之，上下揖睦，万众一心，所以"以战则胜，以守则固"。此略同孟子"仁者无敌"义。

原文

天下皆谓我道大，似不肖①。夫唯大，故似不肖。若肖，久矣其细也夫！我有三宝，持而保之：一曰慈，二曰俭②，三曰不敢为天下先。慈，故能勇；俭，故能广；不敢为天下先，故能成器长③。今，舍慈且勇，舍俭且广，舍后且先，死矣。夫慈，以战则胜，以守则固。天将救之，以慈卫之。

注释

①肖（xiào）：像、相似。
②俭：有而不尽用。
③器：指百官。二十八章："朴散则为器。"

译文

天下人都说我的"道"大，可是又好像不太像大。正因为我大，所以才不像大。如果像大，早就渺小得很了。我有三种法宝，拥有并保守着它：一是慈爱，二是俭省，三是不敢走在天下人的前面。慈爱，所以能出来勇敢；俭省，所以能用度宽广；不敢走在天下人的前面，所以能为百官之长。现在，舍弃慈爱而求勇敢，舍弃俭省而求宽广，舍弃后退而求抢先，死路一条了。说到慈爱，用于战争能胜利，用于防卫能巩固。天将援救谁，就用慈爱来卫护谁。

◎ 六十八章

题解

这一章是老子的军事论,讲用兵之道。他认为好的将帅要精通战略战术,运用谋略,而"不武"、"不怒",即不逞勇猛,不怒气攻心。常人弈棋,此微末之游戏,而往往恃气相斗,愤然相争,何况领大兵与大敌相见,两军对垒。史称张良"状貌如妇人好女",自非赳赳武夫,然运筹帷幄之中,决胜千里之外,为天下之大勇,正是所谓"善为士者"。张良功成身退,欲从赤松子游,本是履老子之"道"者。

原文

善为士者不武①,善战者不怒,善胜敌者不与②,善用人者为之下。是谓不争之德,是谓用人之力,是谓配天③,古之极。

注释

①士:王弼注:"士,卒之帅也。"
②不与:不争。
③配天:与天配合。七十三章:"天之道,不争而善胜。"

译文

善于做将帅的人,不逞强力武勇;善于作战的人,不被激怒;善于战胜敌人的人,不和敌人争锋;善于用人的人,对战士谦卑。这叫做不争的德行,这叫做借用别人的力量,这叫做配合天意,自古以来的最高准则如此。

◎ 六十九章

题解

这一章也是老子的军事论。要义有二：第一，为客兵不为主兵，永远不发动侵略战争，无意于争端肇事，只进行正义的自卫战争。"行无行，攘无臂，扔无敌，执无兵"，其意是虽有制敌的力量，却不贸然使用，仍是谦退保持克制之义。第二，骄兵必败，哀兵必胜。这成为千古兵家传诵之名言。

原文

用兵有言："吾不敢为主而为客①，不敢进寸而退尺。"是谓，行无行②，攘无臂③，扔无敌④，执无兵。祸莫大于轻敌，轻敌几丧吾宝。故抗兵相加，哀者胜矣⑤。

注释

①吾不敢为主而为客：先举兵叫主，后应兵叫客。主动发动侵略战争的一方叫主，被迫进行自卫战争的一方叫客。
②行（háng）：行列，摆阵势。
③攘（rǎng）：举起。
④扔（rēng）：对抗。
⑤哀者：受到侵略而为之悲愤的军队。

译文

用兵的有这样的话："我不敢发动战争，只做被迫自卫的一方，不敢贸然进攻，宁肯先退一步。"这就叫做，虽然已有阵势，却像无阵势可摆的样子；虽然要奋臂进击，却像无臂可举的样子；虽然与敌对抗，却像无敌可对打的一样；虽然手持武器，却像什么也没拿的样子。祸害没有比低估敌人力量更大的，低估敌人的力量，险些丧失了我的三宝。所以两军势力相当，悲愤的一方就要打胜仗了。

◎ 七十章

题解

这一章是老子的人生论,提出知行合一之说。知与行为对词。知表于言,也可见之于行事,但就本末而论,则仍以知为本,"言有宗,事有君",都出于知。言而无宗,是一种漫言,行而无主,是一种妄行,即无知而妄作。由知而言而行,言行都有其宗主,这就是"道"了。圣人怀道如怀玉,人不知而自知。天下人为利欲所蒙蔽,不见此易知易行之道德,言行无所宗主,过一种无信仰的生活,老子为此遗憾。

原文

吾言甚易知,甚易行。天下莫能知,莫能行。言有宗①,事有君②。夫惟无知,是以不我知。知我者希,则我者贵③。是以圣人,被褐怀玉④。

①宗:尊奉的意思。
②君:主宰。
③则:效法,以为榜样。
④褐(hè):用麻或毛做的粗料短衣,古时为平民的服饰。

我的学说很容易了解,很容易实行。天下没有人能了解,没人能实行。我的学说有所宗,我的行事有所主。因为人们的无知,所以不了解我。了解我的人稀少,效法我的就更难遇到。所以,圣人的样子是身上穿着粗衣,怀里藏着美玉。

◎ 七十一章

【题解】

这一章是老子的人生论。人类文明数千年,知识仍然有限,未知世界还有很大。老子教人在对待认识的态度上,要有自知之明,不要犯强不知为知的毛病。就是说,要谦虚,不要逞能,因为自己以为知道,可能有主观片面之失,而非真知。

【原文】

知不知上①,不知知病②。夫惟病病③,是以不病。圣人不病,以其病病,是以不病。

【注释】

①知不知:知道自己有所不知道。
②病:毛病、缺点。
③病病:以病为病(who recognizes sick-minded as sick-minded)。

【译文】

知道自己还有不知道的,是上德之人;不知,却自以为知,是有病之人。因为承认这病是病,所以不患此病。圣人是不病的,是因为他承认这病是病,所以不患此病。

◎ 七十二章

这一章是老子的政治论。上一章普遍地讲人贵有自知之明,这一章讲统治者要有自知之明,不要肆无忌惮地压榨人民。为政之道,资生宽绰有馀,不塞其情,不限以法,以宽柔为教,自上无压迫,自下无反动。若滥用暴力,穷其生计,到了人民忍无可忍之时,就会有可怕的反弹,祸乱就要发生了。这是对高压政治所提出的警告。

民不畏威,则大威至①。无狎其所居②,无厌其所生③。夫唯不厌,是以不厌。是以圣人,自知不自见④,自爱不自贵。故去彼取此。

①民不畏威,则大威至:大威,王弼注:"威不能复制民,民不能堪其威,则上下大溃矣,天诛将至,故曰民不畏威,则大威至。"
②狎(xiá):同"狭",即逼迫、侵犯。
③厌(yā):同"压",即压迫、阻塞。
④不自见:不固执己见。

民不怕统治者的威力的时候,那么可怕的事情就要发生了。不要侵犯到人民的住宅去,不要阻塞了人民谋生的道路。只有不压迫人民,人民才会不以暴力反抗。因此圣人,求自知,不自居高明;求自爱,不自居高贵。所以要放弃后者,采用前者。

◎七十三章

【题解】

这一章是老子的人生论。勇于敢,勇于不敢,都是勇。勇于敢,恃气;勇于不敢,不恃气而藉于理。老子认为,这两种不同的勇,产生两种不同的结果,一则遭害,一则存活。究其因,天道贵柔弱不争而恶逞强好斗。人类应取法天道,柔和不妄为,否则"勇于敢",必遭天谴。天网大无边,虽疏落宽容,却无人能逃脱它的定律。后世天堂地狱赏善罚恶之说起于此。

【原文】

勇于敢,则杀;勇于不敢,则活。此两者或利或害。天之所恶①,孰知其故?是以圣人犹难之。天之道,不争而善胜,不言而善应,不召而自来,繟然而善谋②。天网恢恢③,疏而不失④。

【注释】

①天:天道,包括自然之理与社会之理。
②繟(chǎn):宽绰、舒缓、坦然。
③恢(huī):广大的意思。
④疏(shū):距离大,不密。

【译文】

勇于敢干,则被消灭;勇于不敢干,则可以存活。这两种勇,有的得利,有的受害。天道所厌恶的是勇于敢干,又有谁能知道这是什么缘故?因此圣人也难以说得明白。天的"道",不经斗争而善于胜利,不用说话而善于应对,不需召唤而自己到来,不急于谋划而善于谋划。天的网很广大,网孔虽稀,却从没有漏失。

◎七十四章

这一章是老子的政治论,是对统治者无自知之明的批评。第一义,民不畏死,乃是失其乐生之情,有苦而欲死。驱迫人民已至此伤天害理之境,还自以为是地手持大刀以死亡恐吓此欲死之人,岂非可悲,实亦可笑。这是对统治者严刑峻法的恐怖政治的嘲笑。第二义,国家有法,不可坏乱,不可凭喜、怒以生、杀人,皋陶执法,舜不能取而代之,此即无为而治。后世乱主暴君,无自知之明,越俎代庖,任意诛杀,既无绳墨,难免失准自斫其手。

民不畏死,奈何以死惧之①?若使民常畏死,而为奇者②,吾得执而杀之,孰敢?常有司杀者杀③。夫代司杀者杀,是代大匠斫④。夫代大匠斫,希有不伤其手者矣。

①惧之:使人民畏惧,即威吓人民。
②为奇:从事反常活动。王弼注:"诡异乱群谓之奇。"
③司杀者:指法律,古者司寇执掌。
④斫(zhuó):用斧子砍。

人民并不怕死,干什么用死来吓唬他们?如果人民经常怕死,凡是闹事的人,我就可以把他抓来杀掉,谁还敢再为非作歹?国家有掌管刑律的职官执行死刑,硬要代执掌者去杀,等于硬要代大工匠砍木头,很少有不砍伤自己手的了。

◎七十五章

这一章是老子的政治论,指出社会动乱的根源出于统治者。周初幅员不如今日版图大,而分一千八百国,一国提封,略同后世一县。周室衰,诸侯僭侈,多置官吏,各国卿、大夫、士之食禄者以百计,食税多以致民饥。其后干戈扰攘,妄作迭兴,民风也渐离淳朴,趋于难治。及至统治者自奉无已,逼得人民丧失生计、丧失生趣,死亡边缘上的人自然轻而犯死。老子告诉统治者俭约保国胜于贵生败亡。

民之饥,以其上食税之多①,是以饥。民之难治,以其上之有为,是以难治。民之轻死,以其上求生之厚②,是以轻死。夫惟无以生为者③,是贤于贵生。

①上:君上。
②民之轻死,以其上求生之厚:人民所以看轻死亡,是由于统治者物质生活过分奢华,食税太多,逼得人民没有活路,没有生趣,所以看轻死亡。
③无以生为:不以养生为事,即不贵生。

【译文】

人民挨饿,是因为他们的君上取税太多,所以挨饿。人民难于治理,是因为他们的君上生事有为,所以难于治理。人民用生命去冒险造反,是因为他们的君上养生的物资太丰厚,所以逼得人民轻于犯死。君上不去追求个人生活享受,胜于那些自奉过度的人。

◎ 七十六章

【题解】

　　这一章是老子的方法论,再次申明柔弱胜刚强的自然辩证法。他指出正在成长的东西都是柔弱的东西,而走下坡路的东西都是那些刚强至极走向反面的东西。这是从事物内在的生机来说明的。所以说从趋向看,刚强是死之途,柔弱是生之途。引喻人世,社会之于国家,本是弱势一方,但却有永恒的生机。国家治理社会,不能过于刚强,柔弱的政治方与社会共振谐和。

【原文】

　　人之生也柔弱,其死也坚强。万物草木之生也柔脆,其死也枯槁。故,坚强者死之徒①,柔弱者生之徒。是以,兵强则灭,木强则折②。坚强处下③,柔弱处上。

【注释】

①徒:马叙伦说:"徒,读为道途之途。"五十章:"死之徒十有三。"
②木强则折:木强则失柔韧之性,易致断折。
③下:劣势。

【译文】

　　人活着的时候身体柔软,死后身体变得僵硬。万物草木活着时枝干柔脆,死后枝干变得枯槁。所以,坚强的事物是走向死亡之路,柔弱的事物是走向生存的道路。因此,用兵逞强就会破灭,树木太强大了就会摧折。坚强最终要处于劣势,柔弱最终要处于优势。

◎七十七章

题解

这一章是老子的宇宙论与政治论,提出生态平衡的学说。他以自然与社会作对比,指出天道公平,昼夜交替,暑往寒来,新陈代谢,取长补短,维系着自然界的均衡秩序。人道则不公平,社会往往取短补长,陷入失衡状态。所谓"天之道",公理也,所谓"人之道",私意也。老子要求"人之道"顺应、效法"天之道",乃是其天人合一之真谛。

原文

天之道①,其犹张弓欤?高者抑之,下者举之,有馀者损之,不足者补之。天之道,损有馀而补不足。人之道则不然②,损不足以奉有馀。孰能有馀以奉天下?唯有道者。是以圣人,为而不恃,功成而不处,其不欲见贤③。

①天之道:自然界的制度。
②人之道:指社会制度。
③见(xiàn):同"现",表现。

天的道,不就像拉开弓射箭吗?目标高了,就把它压低一点;目标低了,就把它抬高一点;弓弦过满了,就把它减少一点;弓弦不够满,就给它补充一些。天的道,减少有馀的,用来补给不足。人的"道"却不是这样,减少不足的,用来供养有馀的。谁能拿出多馀的财物来供给天下呢?只有"有道"的人。因此圣人,为万物尽了力而不恃其能,办事成功而不自居功,他不愿意表现自己的贤能。

◎七十八章

这一章是老子的方法论,再讲柔弱胜刚强的辩证法。他以水为喻,说明柔弱的时间力量。檐下之雨,水滴石穿,洪水奔来,万物皆摧,水性虽柔弱处下,却无坚不摧。民之与国家,正似水之与舟,可载可覆。圣人为国,能屈辱自处,承担灾祸,始得柔弱之水德,而后能立。老子在一事物的两面,总站在柔弱的一方去论理,此种贵柔之旨,在十章、三十六章、四十三章、五十五章、七十六章中精神一贯,为其道德之一义。

天下莫柔弱于水,而攻坚强者莫之能胜①,其无以易之②。弱之胜强,柔之胜刚,天下莫不知,莫能行。是以圣人云:受国之垢③,是谓社稷主;受国不祥,是为天下王。正言若反。

①莫之能胜:宾语前置的倒装句,即莫能胜之。
②易:改变。
③垢(gòu):这里是屈辱的意思。

天下万物没有比水更柔弱的,然而攻击坚强的东西,没有能胜过它的,这是一个无以改变的事实。弱的战胜强的,柔的战胜刚的,天下没有人不懂,没有人能实行。因此圣人说:能承担全国的屈辱,才算得社稷之主;能承担全国的灾难,才算得天下的君王。正面的话恰像是反面的。

◎ 七十九章

题解

这一章是老子的政治论。苛征暴敛与民结大怨,此种深重的冲突非调解所能完全化解,此理甚明。所以老子谓治国者,"司契"而已,尊重社会契约,不可将此文明关系国家化而"司彻"。《晋书·刘惔传》:"惔叹曰:'古之善政,司契而已。岂不以其敦本正源,镇清流末乎?'"《王坦之传》则述司彻之争讼。"天道无亲,常与善人",不是说"天道"有意帮助善人,而是指善人得助,乃是他自为的结果。此条为魏晋嬗替所利用,影响历史演进甚大。

原文

和大怨,必有馀怨①,安可以为善?是以圣人执左契②,而不责于人③。有德司契,无德司彻④。天道无亲,常与善人。

注释

①和大怨,必有馀怨:大怨难于尽和,其根本办法,在于不结。大怨,指民怨。
②左契(qì):古代借贷活动,以木板刻文字作为借据,从中间劈为两半,左边一半由债权人收存,右边一半由债务人收存。债约期满,以左右两契对合为验,清理债务。
③责:讨还欠债。
④彻:周代的租赋制度。

译文

调和重大的仇怨,一定留有馀怨,哪能算作妥善?因此圣人虽握有左契这一借据存根,而不肯强迫人家还债。有德的人,像经管左契的人那样从容,无德的人,像经管租税的人那样计较。天道对人无所偏爱,经常帮助的是善人。

◎八十章

题解

这一章是老子的政治论,提出了地方政权的原则,描绘了一个理想的社区生活。第一义,"小国寡民","国"在周代与"天下"有别,有似后世地方政权,所以此句确义为:地方行政区域要小些,人口要少些。各国既小,无兼并之患,舟车甲兵,都没有使用的必要。第二义,小国之中,有各个安适和谐的社区,居民各得其所。"邻国相望,鸡犬之声相闻",人民无外欲,乃一派相安相睦的田园风光。

原文

小国寡民①,使有什伯之器而不用②,使民重死而不远徙③。虽有舟舆④,无所乘之;虽有甲兵,无所陈之;使人复结绳而用之⑤。甘其食⑥,美其服,安其居,乐其俗,邻国相望,鸡犬之声相闻,民至老死,不相往来。

注释

①小国寡民:小、寡,都作动词用,使它小,使它寡。
②什伯之器:各种器物。
③重(zhòng):看重,重视。徙(xǐ):迁移,搬家。
④舆(yú):车辆。
⑤结绳:文字产生前的一种记事方法。用绳打结,以不同形状和数量的绳结标记不同事件。
⑥甘其食:甘,作动词用,自以其食为甘。

译文

使国家小些,人民少些;使有各种器具,也不使用;使人民看重死亡安于故乡,不冒险迁移远方。虽有船只和车辆,没有地方乘用它;虽有装备武器,没有地方展用它;使人民再用结绳记事的办法,不要文字。自以其食为香甜,自以其服装为漂亮,自以其居所为安适,自以其风俗为喜乐,邻国互相望得见,鸡鸣犬吠的声音互相听得到,而人民直到老死,不相往来。

◎八十一章

【题解】

这一章是老子的人生论,采取了格言警句的语体形式。前三句讲人生的主旨,后四句讲治世的要义。"信言",今语即"真话"。孔子五经中无"真"字。老子提出"真",二十一章"其精甚真"。真话也就是实话,真与伪对,实与虚对。"信言不美",义为不必美,并非不可美,真实的学说,止于理,符于实,不必立辞巧说,以外在之巧取胜。甘美的语言崇尚外在华饰,所重不在内容,难免以文害义,或出于虚与委蛇,《论语·学而》所谓"巧言令色,鲜矣仁"。所以正如南朝梁刘勰《文心雕龙·情采》所识:"老子疾伪,故称'美言不信',而五千精妙,则非弃美矣。""善者不辩",所指非"言"而是"行",意思是善者的行为,正直不欺,不必自作辩解,逞口舌之利。相反,崇尚巧辩,难免轻于行,或径由行为有亏欠而自我掩饰,所以说:"辩者不善。"同样,为道日损,知"道"之人妄言绝学,故不博,而博学之士耽滞名教,故不知。现代知识活动,非专精不能入门墙,"一事不知,儒者之耻"的时代已然过去,以博学自居的人,对于任何一门学问,往往只是略知皮毛而已,以博学为追求,于学者实不可取。以上三句,就是要做到真、善、美在自身的谐和。后四句用于治世,要义是和而不争。所谓爱心,就是培养给予的能力,"为人"、"与人"就是给予能力的一种表现。"圣人"的伟大,就在于他不断地帮助人,而不私自占有,这也就是"为而不争"的真谛,这是一种伟大的道德。更有一层,"信言不美",老子也为其著书而言,所以以此作为全书最后一章。

【原文】

信言不美①,美言不信。善者不辩②,辩者不善。知者不博,博者不知。圣人不积③,既以为人己愈有④,既以与人己愈多。天之道,利而不害;圣人之道,为而不争。

①信言不美:河上公注:"信者,如其实;不美者,朴且质也。"即真实的言词不一定华美。
②善者不辩:辩,能说会道,有口才。句意是,德善的人不巧辩。
③圣人不积:指不积累财物。王弼注:"无私自有,唯善是与,任物而已。"
④既以为人己愈有:王弼注:"物所归也。"

诚实的话语不一定华美,华美的话语不一定诚实。德善的人不需要巧辩,巧辩的人德不一定善。有真知的人可能不广博,广博的人不一定有真知。道家的圣人不积累财物,尽全力帮助人,他自己反而更加充足,把财物尽量赠给人,他自己反而更丰富。天的"道",利万物而不害;圣人的"道",帮助人而不与人争夺。

◎ 附　录

《老子》名言警句

△功成而弗居。夫唯弗居,是以不去。(《二章》)(第 002 页)

△为无为,则无不治。(《三章》)(第 004 页)

△和其光,同其尘。(《四章》)(第 005 页)

△多言数穷,不如守中。(《五章》)(第 006 页)

△是以圣人,后其身而身先,外其身而身存。非以其无私邪?故能成其私。(《七章》)(第 008 页)

△事善能,动善时。夫唯不争,故无尤。(《八章》)(第 009 页)

△持而盈之,不如其已。(《九章》)(第 010 页)

△富贵而骄,自遗其咎。功成身退,天之道。(《九章》)(第 010 页)

△专气致柔,能婴儿乎?(《十章》)(第 011 页)

△爱民治国,能无知乎?(《十章》)(第 011 页)

△有之以为利,无之以为用。(《十一章》)(第 013 页)

△信不足焉,有不信焉!(《十七章》)(第 021 页)

△见素抱朴,少私寡欲。(《十九章》)(第 023 页)

△曲则全,枉则直。(《二十二章》)(第 027 页)

△少则得,多则惑。(《二十二章》)(第 027 页)

△不自见,故明。(《二十二章》)(第 027 页)

△希言自然。故,飘风不终朝,骤雨不终日。(《二十三章》)(第 028 页)

△自见者不明,自是者不彰,自伐者无功,自矜者不长。(《二十四章》)(第 029 页)

△圣人去甚,去奢,去泰。(《二十九章》)(第 036 页)

△大军之后,必有凶年。(《三十章》)(第 037 页)

△物壮则老。(《三十章》)(第 037 页)

△知人者智,自知者明。胜人者有力,自胜者强。(《三十三章》)(第 040 页)

△将欲夺之,必固与之。(《三十六章》)(第043页)
△国之利器,不可以示人。(《三十六章》)(第043页)
△道常无为,而无不为。(《三十七章》)(第044页)
△反者道之动,弱者道之用。(《四十章》)(第049页)
△大方无隅,大器晚成,大音希声,大象无形。(《四十一章》)(第050页)
△知足不辱,知止不殆。(《四十四章》)(第054页)
△大直若屈,大巧若拙。(《四十五章》)(第055页)
△为学日益,为道日损。(《四十八章》)(第058页)
△圣人无常心,以百姓心为心。(《四十九章》)(第059页)
△见小曰明,守柔曰强。(《五十二章》)(第062页)
△我无为而民自化。(《五十七章》)(第069页)
△祸兮,福之所倚;福兮,祸之所伏。(《五十八章》)(第071页)
△千里之行,始于足下。(《六十四章》)(第078页)
△江海所以能为百谷王者,以其善下之。(《六十六章》)(第081页)
△天网恢恢,疏而不失。(《七十三章》)(第088页)
△天之道,利而不害。(《八十一章》)(第096页)

《老子》重要研究著作

1.战国·韩非《解老》、《喻老》
陈奇猷校注《韩非子集释》,上海人民出版社,1974年7月新1版。
2.西汉·河上公《老子道德经》
《四部丛刊》本。
3.东汉·严遵《老子指归》(王德有点校)
中华书局1994年3月第1版。
4.魏·王弼《老子道德经》
《四部备要》本。
5.唐玄宗《御注道德真经》
民国十三年上海涵芬楼影印《正统道藏》。
6.唐·成玄英《道德经开题序诀义疏》

民国十三年上海涵芬楼影印《正统道藏》。

7. 北宋·司马光《道德真经论》

民国十三年上海涵芬楼影印《正统道藏》。

8. 北宋·苏辙《道德真经注》

民国十三年上海涵芬楼影印《正统道藏》。

9. 北宋·王安石《老子注》

民国十三年上海涵芬楼影印《正统道藏》。

10. 南宋·葛长庚《道德宝章》

影印《文渊阁四库全书》,台湾商务印书馆。

11. 元·吴澄《道德真经注》

影印《文渊阁四库全书》,台湾商务印书馆。

12. 明太祖《御注道德经》

民国十三年上海涵芬楼影印《正统道藏》。

13. 明·李贽《老子解》

严灵峰编《无求备斋老子集成初编》,台北文艺书馆,1965年版。

14. 明·焦竑《老子翼》

《丛书集成初编》,商务印书馆,1959年补印。

15. 清世祖《御注道德经》

影印《文渊阁四库全书》,台湾商务印书馆。

16. 清·毕沅《老子道德经考异》

《丛书集成初编》,商务印书馆,1959年补印。

17. 清·王念孙《老子杂志》

严灵峰编《无求备斋老子集成续编》,台北文艺书馆,1970年版。

18. 清·孙诒让《老子札记》

严灵峰编《无求备斋老子集成续编》,台北文艺书馆,1970年版。

19. 清·刘师培《老子斠补》

严灵峰编《无求备斋老子集成续编》,台北文艺书馆,1970年版。

20. 清·罗振玉《老子考异》

严灵峰编《无求备斋老子集成续编》,台北文艺书馆,1970年版。

21. 清·俞樾《老子平议》

《诸子平议》,中华书局,1954年10月第1版。

22.清·严复《老子道德经评点》
东京并木活版所,光绪三十一年乙巳十二月发行。

23.容肇祖《王安石老子注辑本》
中华书局,1979年5月第1版。

24.冯友兰等《老子哲学讨论集》
中华书局,1959年12月第1版。

25.张岱年《老子哲学辨微》
《张岱年文集》第5卷,清华大学出版社,1994年4月第1版。

26.严灵峰《老庄研究》
台湾中华书局,1979年4月第2版。

27.车载《论老子》
上海人民出版社,1959年6月第1版。

28.陈鼓应《老子注译及评介》
中华书局,1984年5月第1版。

29.任继愈《老子新译》
上海古籍出版社,1985年5月第2版。

30.徐梵澄《老子臆解》
中华书局,1988年3月第1版。

31.马叙伦《老子校诂》
中华书局,1974年12月第1版。

32.朱谦之《老子校释》
《新编诸子集成》第1辑,中华书局,1984年11月第1版。

33.高亨《老子正诂》
古籍出版社,1956年10月第1版。

34.高亨《老子注译》
河南人民出版社,1980年3月第1版。

35.陆元炽《老子浅释》
北京古籍出版社,1987年2月第1版。

36.张松如《老子校读》
吉林人民出版社,1981年5月第1版。

37.卢育三《老子释义》

天津古籍出版社,1987年7月第1版。

38.朱晴园《老子校释》

世界书局印行,1968年11月再版。

39.周绍贤《老子要义》

台湾中华书局印行,1977年9月初版。

40.杨兴顺《中国古代哲学家老子及其学说》(杨超译)

科学出版社,1957年5月北京第1版。

41.古棣《老子校诂》

吉林人民出版社,1998年8月第1版。

42.钱穆《庄老通辨》

生活·读书·新知三联书店,2002年9月北京第1版。

43.国家文物局古文献研究室编《马王堆汉墓帛书(壹)老子甲乙本图版释文》

文物出版社,1980年3月第1版。

44.裘锡圭《郭店老子简初探》

陈鼓应主编《道家文化研究》第17辑郭店楚简专号,生活·读书·新知三联书店,1999年8月北京第1版。

45.日·池田知久《尚处形成阶段的老子最古文本——郭店楚简老子》

陈鼓应主编《道家文化研究》第17辑郭店楚简专号,生活·读书·新知三联书店,1999年8月北京第1版。

46.王博《美国达慕思大学郭店老子国际学术讨论会纪要》

陈鼓应主编《道家文化研究》第17辑郭店楚简专号,生活·读书·新知三联书店,1999年8月北京第1版。

47.德·龚特邵尔茨《接近的尝试:18、19世纪的德国老子解释》(张慎译)

《中国哲学史》,1995年第3、4期(总第12期)。

图书在版编目（CIP）数据

老子/卫广来译注．—2版．—太原：三晋出版社，
2008.4（2024.5重印）
（中国家庭基本藏书·诸子百家卷）
ISBN 978-7-80598-919-8-01

Ⅰ．老… Ⅱ．卫… Ⅲ．①道家②老子—译文
③老子—注释 Ⅳ．B223.1

中国版本图书馆CIP数据核字（2008）第054774号

老 子

译 注 者：卫广来

责任编辑：朱 屹	审 订 者：朱 屹
封面设计：敬人工作室	版式设计：敬人工作室
责任校对：朱 屹	责任印制：李佳音

出版发行：山西出版集团·三晋出版社
地　　址：太原市建设南路21号
电　　话：（0351）4956036（咨询）　4922268（邮购）
传　　真：（0351）4922102
网　　址：www.sxskcb.com
邮　　编：030012

印刷装订：山西新华印业有限公司
（本书如有破损、缺页、装订错误，请与本社联系调换）

开　　本：787mm×960mm　1/16
字　　数：150千字
印　　张：8
版　　次：2008年4月第2版
印　　次：2024年5月第2次印刷
书　　号：ISBN 978-7-80598-919-8-01
定　　价：32.00元

版权所有，翻印必究。本书图文未经书面授权，不得以任何方式转载或公开发表。